KB206326

깨달음으로 가는 올바른 순서

菩提道次第

지은이/ 쫑카빠 대사

옮긴이/ 초펠 스님

마음을 닦는 기도문

모든 생명은 보석보다 더 귀하기에 행복해지기를 기도합니다.
모두를 소중히 섬기겠습니다.
누구와 함께 있더라도 내가 가장 낮은 사람임을 깨닫겠습니다.
만나는 모든 이를 가슴 깊은 곳으로부터 가장 높게 대하겠습니다.
무엇을 행하더라도 한결같이 하겠습니다.
고통스런 순간이 닥치더라도 두려움에 숨지 않고 바로 보며 대하겠습니다.
폭력과 사악한 마음에 사로잡힌 사람을 만나더라도 귀하게 대하겠습니다.
귀중한 가르침을 주는 스승으로 다정히 맞아 섬기겠습니다.
미움에 휩싸여 나를 속이고 모욕하여도 기꺼이 귀 기울이겠습니다.
사나운 말을 받아들이고 그에게 승리의 기쁨을 돌려주겠습니다.
내가 도와주고 희망을 걸었던 사람이 상처를 주더라도 벗임을 잊지 않겠습니다.
예전이나 지금이나 늘 귀중한 마음의 벗으로 섬기겠습니다.
지금 이 순간과 이후 만나는 모든 어머니들께 행복과 기쁨을 드리겠습니다.
어머니들의 불행과 고통을 기꺼이 떠맡아 안겠습니다.
세상의 평가와 가치를 따라 사람을 대하지 않겠습니다.
겉모양에 사로잡히지 않고 보이는 것을 아끼는 애착을 버려 마음의 자유를 얻겠습니다.
- 인도 아티샤(Atisha, 982~1054)

쫑카빠 대사

감수의 말

티베트불교와
고마운 도반, 초펠스님

티베트를 여행하게 되면 이 세상에서 가장 순수하고 친절한 사람들을 만날 수 있다. 우리와 얼굴도 비슷하고 풍속도 비슷한 티베트 사람들의 생활은 소박한 불심으로 살아갔을 신라 고려의 우리 선조들의 모습을 느끼게 한다.

티베트 사람들은 가난하고 불편하기 짝이 없는 생활 속에서도 어린 아이의 미소를 간직하고 살아간다. 중국의 침략으로 신앙의 자유를 빼앗기고 가족과 재산을 잃고 정신적 박탈감과 우울증으로 심각한 정신질환을 앓을 법도 한데 그들의 삶속에서 그와 같은 그늘은 찾을 수 없다. 또한 자신들의 종교 문화를 파괴하고 승려들과 가족들을 죽인 중국 군인들에 대해서도 적개심과 원한은 거의 찾아볼 수 없다. 이 같은 티베트 사람들의 삶의 태도는 서구의 지성인들로 하여금 깊은 관심을 불러일으키고 있다.

그들의 삶을 지탱하는 두 개의 기둥은 삼세인과에 대한 철저한 믿음과 살아 있는 스승에 대한 절대적 헌신에서 우러나는 신앙생활이다. 오늘날 서양에서 일어나는 불교 바람은 바로 티베트불교가 그 에너지를 제공하고 있다. 티베트불교와 스님들을 좋아하게 된 인연으로 티베트의 학승 초펠스님이 대원사에서 2개월을 지내게 되었다 영어와 힌두어 등 어학실력이 뛰어난 스님은 한국에 온 지 1년도 채 안되어 컴퓨터를 배우고 천수경을 외우고 우리말에 익숙해져서 불교대학에서 설법까지 하게 되었다.

대원사에 머물면서 한국불교와 티베트불교의 영적인 교류를 위해서 티베트불교의 대표 종단인 겔룩파의 성전 『보리도차제』를 번역하였다. 『보리도차제』는 티베트 제2의 부처로 추앙받는 쫑카빠 대사(1357~1419)의 대표적인 저술이다.

쫑카빠는 타고난 재능으로 현교와 밀교의 경전을 두루 학습하고 뛰어난 선지식을 찾아 스스로의 수행을 완성시켜 갔다. 당시의 침체되고 타락한 티베트불교를 개혁하고 중흥시키기 위해 부처님께 헤아릴 수 없이 많은 절을 올렸다고 한다. 그 후 쫑카빠는 제자들과 불자들에게 불법의 핵심을 체계적으로 가르치고 배울 수 있는 학습 교재로 『보리도차제』를 저술하였다. 그 내용은 석가세존으로부터 용수와 무착으로 이어진 대승불교의 전통을 설명하고 초발심에서부터 완전한 깨달음을 증득하여 보살의 서원을 완성해 가는 과정을 분명하게 밝혀 놓았다.

그는 수행 동기의 세 가지 차원 즉, '삼사도(三士道)'에 따른 수행의 길을 설파하였는데, 수행의 처음 단계는 하사도(下士道)의 가르침이다. 하사도에서 삼악도에 떨어지지 않고 윤회의 좀 더 높은 단계로 환생하기 위해 공덕을 쌓고 계율을 지키는 것이다.

하사도의 수행방편은 ① 무상과 죽음을 생각하고 ② 삼악도의 고통을 생각하고 ③ 삼보만이 윤회의 세계에서 우리를 구원해 줄 수 있는 힘이 있음을 믿고 ④ 삼세인과를 분명히 믿어 공덕을 쌓고 계율을 지킬 것을 강조한다.

중간 단계인 중사도(中士道)는 윤회의 세계에서 벗어나 번뇌를 끊고 열반을 증득하기 위해 수행해 가는 길을 가르치고 있다.

최상의 단계인 상사도(上士道)는 보리심을 발하고 보살행을 닦아 중생들을 구원하는 법문을 담고 있다.

현재 티베트불교의 대표 종단인 겔룩파에서는

쫑카빠 대사의 『보리도차제』의 학습 체계에 의해서 경전을 배우고 대승보살의 서원을 일으키는 수행을 익혀가고 있다.

이번에 초펠스님이 우리말로 번역한 내용은 쫑카빠 대사의 『보리도차제』 중에서 초심자들에게 필요한 내용만을 간추려서 한국 실정에 맞게 편역한 것이다.

초펠스님과 함께 지내면서 존경할 만한 스승을 모시고 현자들과 가까이 지내는 일이 최고의 행복임을 거듭 확인하였다. 또한 티베트를 몇 차례 여행하면서도 알지 못했던 티베트 사람들의 의식 구조와 생활 철학에 대해서도 새롭게 눈뜨게 되었다.

그 중의 몇 가지를 소개하자면, 티베트 사람들은 생일잔치를 하지 않는다. 아예 자신의 생일을 모르고 살아간다. 그것은 생사 윤회하는 중생들이 자신의 생일을 아는 것보다 수행을 해서 죽을 날을 아는 것이 더 중요하다는 스승들의 가르침을 받들기 때문이다.

또 하나는 재산 문제이다. 부모가 죽으면 재산은 자식이 물려받지 않고 부모가 다니는 절에 보내지기 때문에 재산을 모으는데 크게 마음을 쏟지 않는다고 한다. 그리고 더욱 중요한 것은 '재산의 의미'이다. 우리는 흔히 재산이 많은 사람을 부자라고 하지만 그들은 죽을 때 가지고 갈 수 없는 것은 참된 재산이 될 수 없다고 믿고 있다. 죽을 때 가지고 갈 수 있는 것을 진짜 재산이라고 믿기 때문에 끝없이 경전을 외우고 끊임없이 부처님께 절을 올리고 허물은 그날그날 참회하고 정성스런, 공양물을 삼보에 올린다.

티베트 사람들의 삶의 목표는 재산을 모으고 명예를 구하는 데 있지 않다. 삼독의 소멸을 지고의 가치로 여기기 때문이다 그래서 '화 잘 내는 사람'이란 말이 그들에게는 가장 큰 욕이기도 하다.

한번은 텔레비전의 월드컵 축구 경기를 초펠스님과 함께 보았다. 한국의 열성팬들이 표를 구하기 위해 추운 경기장 밖에서 밤새우는 모습을 보면서 말했다.

"축구를 좋아하는 사람은 저런 추위와 불편을 기꺼이 감수합니다. 티베트 사람들은 부처님을 좋아하니까 성지순례와 달라이라마의 큰 법회에서의 불편함을 기쁘게 받아들입니다."

우리는 티베트 사람들을 가난하게 생각하지만 그들은 부처님께 신심 없는 사람들을 진심으로 가난하게 여긴다. 물질의 풍요와 편리함 속에서 소중한 것을 잃고 살아가는 현대인들에게 그들의 진지한 생활 태도는 지속 가능한 행복한 삶의 모범 답안을 우리 앞에 보여 주는 것 같다.

초펠스님이 편역해서 소개하는 『깨달음으로 가는 올바른 순서』는 불교에 입문한 불자들에게 훌륭한 길잡이가 되어줄 뿐 아니라 대승불교의

본질과 실천행을 깨닫게 하는 소중한 법보가
될 것이다.

서양 사람이 티베트불교를 소개한 책들은 국내
에도 몇 권 있지만 티베트 스님이 한국말을 배
워 티베트 성전을 우리말로 번역한 것은 우리
불교 역사에서 처음 있는 기쁜 일이다.

훌륭한 불교문화의 전통을 간직한 우리 불교가
티베트불교와의 영적인 교류를 통해서 뛰어난
대승불교의 정신이 다시 꽃피어날 것을 기대한
다.

1998년 5월
현장(玄藏) 합장

머리말

티베트경전을 한국에 소개하며

옛날 인도에서 부처님처럼 존경을 받았던 위대한 스승 아티샤는 소승불교와 대승불교는 물론 밀교까지를 포함한 부처님의 가르침을 『보리도등론菩提道燈論)』이란 책에 결집시켜 티베트에서 가르침을 베풀었는데, 이 『보리도등론』에 의지하여 티베트의 위대한 스승인 쫑카빠 대사는 『보리도차제菩提道次第)』라는 책을 만들게 된다.

그러나 『보리도차제』에는 지혜롭지 못한 사람들이 이해하기 힘든 부분도 있고 그 양도 매우 많기 때문에 쫑카빠 대사는 이에 의지한 보다 쉬운 책을 만들 것을 유언으로 남겼다. 이렇게 하여 티베트에서는 『보리도차제』에 의지한 여러 가지 경전들이 만들어지게 되었다. 이러한 경전을 만든 스승들은 자신의 이익과 명예 때문이 아니라 자신들이 『보리도차제』를 실천하여 배웠던 경험으로 오로지 제자들을 깨우치기 위해서였다.

이 경전들을 명상하듯 읽게 되면 바람직한 생활의 규범과 깨달음에 이르는 길을 스스로 발견하게 될 것이다. 이 책 『깨달음으로 가는 올바른 순서』도 『보리도차제』나 그 뒤에 만들어진 경전에 의지하여 선정이나 지혜 공성 등 누구나 알아야할 기본적인 내용들만을 간추렸다. 또한 편역자가 한국에 와서 경험했던 것들을 바탕으로 경전의 내용들을 한국의 실정에 맞게 고친 부분도 있으므로 혹시 있을지 모르는 잘못에 대해서는 넓은 마음으로 이해해 주시기를 바란다. 앞으로도 기회가 주어지면 더 많은 공부를 하여 티베트에 있는 경전들의 심오한 부분까지 한국에 소개할 수 있기를 희망한다.

이 책을 만드는 과정에서 부산 백련사의 주지로 계시는 혜주스님의 도움이 매우 컸다. 한국에 올 수 있도록 도와주셨을 뿐 아니라 한국말도 배울 수 있도록 배려해 주셨기 때문이다. 또 그곳의 고시원에서 공부하고 있던 친구들의 도움도 잊을 수 없다. 그 외 많은 분들의 도움에 대해서도 일일이 기억하지 않을 수 없다. 통도사 강원에서 공부할 때 의지처가 되어 주신 통도사의 교무국장으로 계시는 명현스님과 도반들, 전라남도 대원사의 선방에 머물면서 이 책을 만들 때 불교용어 등 미진한 부분들을 일깨워 주시고 지도를 아끼지 않으신 대원사 주지 현장스님, 번역 작업이 끝날 때까지 여러 가지 도움을 주신 주수홍 씨, 이렇게 이 책은 여러분들의 자비로운 보살핌 속에서 완성된 것이다. 그 모든 분들께 깊이 감사드린다.

끝으로 이 책을 만들고 읽는 공덕으로 이 세상

두루 부처님의 은혜로운 가르침이 전해져 모든 중생들이 윤회의 고통에서 벗어나 깨달음이 이루어지기를 진심으로 기원한다.

또한 소승이니 대승이니 하는 분별을 끊고 오직정법으로 통하는 문으로서의 구실을 할 수 있기를 발원해 본다.

1998년 5월

초펠 합장

차 례

3) 삼사도(三士道)에 따른 수행의 길

(1) 하사도(下士道)

① 다음 생을 위해 해야 할 일을 찾는 것

② 올바른 수행의 길을 찾는 방법

(2) 중사도(中士道)

① 깨달음에 이르는 길을 배워야 되겠다는 생각

제1장
『보리도차제』란?

1. 『보리도차제』의 유래

종교에 귀의하여 그 가르침을 믿고 따르려면 교의에 대한 정확한 이해가 필요하다. 불교의 경우 부처님의 가르침과 조사들의 어록에 대한 튼튼한 믿음과 깊은 이해가 그것이다. 특히 깨달음의 원을 세운 이라면 마땅히 정법에 의지하여야 한다. 부처님의 법과 조사들의 말씀이 아닌 것들을 정법이라고 믿고 수행을 하면 깨달음과는 거리가 먼 엉뚱한 결과를 가져오게 될 것이다. 영리한 이와 부지런한 이들도 정법을 만나지 못한 까닭에 시간을 낭비하는 일이 많다. 무엇이 정법인지조차 모르기 때문에 빚어지는 일이다.

우리는 하찮은 물건을 살 때에도 그 물건의 요모조모를 살피고 따진다. 그러나 바른 법 구하는 데에는 큰 노력을 들이려 하지 않는 것 같다. 이야말로 수행자로서 크게 잘못 된 행동이 아닐 수 없다.

다음 생에 좋은 과보와 나쁜 과보를 얻게 되는 것은 다름 아닌 정법에 의지하느냐 아니냐에 달렸는데도 마치 개가 어떤 음식을 주더라도 그냥 받아먹듯이 아무 것에나 의지하여서는 결코 좋은 과보를 얻을 수 없다.

바른 가르침에 귀의하는 것 말고 깨달음에 이르는 길은 없다. 특히 보리심에 대하여 자세히 배워야 하는데 그것은 부처님의 모든 가르침을 담은 경(대장경)의 의미 전부를 내포하고 있기 때문이다.

부처님의 가르침은 크게 두 갈래로 나눌 수 있

는데 공성에 대한 견해의 흐름(승의제)이 그 하나고 광대한 방편의 흐름(세속제)이 다른 하 나다. 그 중 처음은 문수보살로부터 나가르주 나 용수보살로, 다른 하나는 미륵보살로부터 아상가(무착보살)로 이어졌으며 나중에 아티샤 에 이르러 하나로 모아지게 된다.

아티샤는 세속제를 설링빠에게서 배우고 또한 승의제는 릭벡구룩에게서 배워 이 두 가지의 가르침을 묶어 하나의 책 『보리도등론』에 결집 시키고 티베트에서 이를 직접 가르쳤다.

2. 위대한 스승 아티샤의 생애와 가르침의 전파

부처님 당시의 사람들은 하나를 가르치면 열을 알만큼 근기가 뛰어났으나 그 뒤로 사람들은 점차 어리석어져서 잘 알아듣지 못하므로 제자들이 모여 부처님의 가르침을 전하기 위하여 경전을 만들었는데 재차 결집 때 그 경전이 만들어졌다. 그 후 티베트에서는 네 가지 방법으로 사람들을 가르치게 되었다.

그 처음은 경전의 내용에 충실하여 자세히 가르치는 것이고, 둘째는 의사들이 실제로 몸을 해부하면서 가르치듯이 직접 보여 주면서 가르치는 것이고, 셋째는 수행의 결과로 얻어진 경험에 의거해서 가르치는 것이며, 넷째는 배우는 이의 자질에 따라 단계적으로 가르치는 것이다.

이 네 가지의 방법에 의거하여 스승에게 배우게 된다면 자신을 변화시킬 수 있게 되며 특별한 수행의 경지에 이르게 될 것이다.

이런 바른 가르침[正法]을 얻기 위해서는 먼저 부처님의 생애에 대하여 자세히 알아야 한다. 또한 문수보살에서 나가르주나[용수보살], 미륵보살에서 아상가[무착보살]에게로, 다시 아티샤에 이르는 모든 스승들의 생애와 깨달음의 방법에 대해서도 자세히 알아야 할 것이다. 하지만 여기서는 티베트에 부처님의 가르침을 베풀었던 위대한 스승 아티샤의 생애에 대해서만 간단히 살펴보고자 한다.

인도의 큰 스승이자 티베트불교의 큰 스승이기도 했던 아티샤Atisha는 인도 동쪽 벵갈의 한 왕국에서 왕자로 태어났다. 약 10만 호 가량 되는 규모의 이 나라는 모든 왕궁을 황금으로 장식할 만큼 부유했다.

아티샤가 생후 18개월이 되었을 때 왕과 왕비는 어린 왕자를 데리고 왕궁 근처의 '비까말라뿌리'라는 승원에 기도를 하러 가게 되었다.

그때 왕과 왕비는 물론 기도하러온 모든 이들은 무병장수와 부귀와 삼악도에 나지 않고 좋은 곳에 태어나기를 기원하였으나 어린 왕자인 아티샤는 "나, 태어나기 힘든 인간으로 태어났으며 또한 신체에 장애가 없는 인간으로 태어나 이제 삼보에 귀의할 수 있게 되었습니다. 오늘 바로 삼보에 귀의 하겠습니다." 하고 기원하였다. 또 "평범한 사람들의 일상에 머물지 않고 수행자와 함께 생활하고 자만심이 생기지 않게 하여 삼보를 공양하고 모든 중생을 구제하려는 자비심으로 살겠습니다." 하고 기원하였다.

어린 왕자의 이런 모습을 보고 염려를 하던 왕은 왕자의 나이가 차자 결혼을 시키려 하였다. 이에 아티샤는 사냥꾼의 모습을 하고 숲으로 다니면서 몰래 스승들을 찾았다. 이렇게 여러 스승들을 찾아다니며 수행을 하던 아티샤에게 한 스승이 '지금 네 왕국으로 돌아가면 사람들의 고통스러워하는 모습들을 볼 수 있다'고 하였다. 이에 왕궁으로 돌아온 아티샤는 숲과 외진 곳을 돌아다니며 여러 스승들로부터 사바세계의 고통에 대하여 듣게 되었으며 자신 또한 그것을 보고 알게 되었다.

수행의 길을 가기로 결심한 아티샤는 자신의 결연한 의지를 부모에게 밝혔다. 그러나 그들은 왕으로 머물러 있으면서도 삼보에 공양할 수 있으며, 거지에게 보시를 할 수도 있으며 승원을 세우고 수행자를 잘 모실 수도 있다면서 그렇게 하기를 바랐다. 그것만으로도 대단한 일이 아닐 수 없었다. 그러나 아티샤는 사바세계의 실상을 보고 나니 왕으로 살고 싶은 마음이 티끌만큼도 일어나지 않는다고 밝히면서 황금의 왕국은 자신에게 감옥과도 같으며, 왕비는 마구니의 딸과 다르지 않으며, 맛있는 음식은 고름과도 같으므로 당장 아와두따라는 스승에게로 가겠다고 간청하였다.

이에 왕과 왕비는 왕자를 만류할 수 없음을 알

고 허락하게 되었다. 이렇게 하여 아티샤는 천 명의 시종을 데리고 스승 아와두띠에게로 갔다. 하지만 스승 아와두띠는 아티샤에게 '그대에게 맞는 스승은 시리라훌라이다'라며 라훌라에게로 보냈다. 아티샤는 이때 라훌라에게서 밀교에 관한 것을 13일 동안 전수받았다. 그런 후 스승 라훌라의 지시에 따라 다시 자신의 왕국으로 돌아가게 되었다. 그때 아티샤의 아버지는 왕위를 물려 주려하였으나 아티샤는 미친 듯이 행동하며 수행을 계속할 것을 고집하였다. 부왕도 어쩔 수 없이 다시 보낼 수밖에 없었다.

다시 아티샤는 왕자의 지위와 모든 부귀를 버리고 스승 아와두띠에게로 가서 21세에서 29세까지 공성(空性)과 인과(因果)에 대하여 자세히 배웠다. 그런 후에도 계속하여 스승들을 찾아다니면서 밀교에 관해서도 많은 것을 배우고 다녔다. 그러던 어느 순간 이제는 자신이 아주 많은 것을 알고 있다는 자만이 일어나게 되었는데, 이를 안 라훌라굽다라는 스승이 신통으로 아티샤가 예전에 보지 못했던 경전들을 보여 주며 출가를 권하자 이에 응하니, 그때 나이가 29세였다. 그때까지 만난 스승의 수는 무려 152명이나 되었다.

출가한 아티샤는 스승 라훌라에게 "깨달음에 이르는 제일 빠른 방법이 무엇입니까?"하고 물었다. 이에 스승 라훌라는 아티샤에게 보리심을 배우라고 하였다. 다시 "누가 보리심에 관하여 자세히 알고 있습니까?" 하고 물으니, 스승 라훌라는 설링빠라고 일러 주었다.

아티샤는 설링빠를 만나기 위해 13개월이나 항해한 뒤에 셀링이라는 나라에 도착하게 되었다. 14일 동안 휴식을 취한 후 그 나라의 수행자들을 만나 설링빠에 관하여 많은 질문을 하였다. 그러자 그의 제자들은 스승에게 아티샤라는 현명한 수행자가 제자 125명과 함께 배를 타고 13개월 동안 항해하여 당신에게 배우고자 찾아왔다고 전했다. 설링빠 또한 흔쾌히 현명한 이들을 잘 맞이하여야 한다며 자신이 직접 마중을 나왔다 .이렇게 하여 아티샤는 12년 동안 설링빠에게서 가르침을 받고 보리심을 일으키기 위한 방법 두 가지를 자세히 배웠다.

다시 인도로 돌아온 아티샤는 인도 중부지방 부다가야에 머물며 외도들과의 논쟁에서 그들을 물리치고 불자로 만들었다. 또한 '비크라마 실라'라는 승원대학에서 수많은 사람들을 가르치게 되었고, 인도 전역의 많은 수행자들로부터 존경을 받게 되었다. 부처님 생전의 가르침인 삼학(계戒·정定·혜慧)과 네 가지의 딴뜨라를 다시 일으켜 세움으로써 부처님과 같은 존경을 한 몸에 받게 된 것이다.

그 당시 티베트에서는 오래 전에 전파된 불교는 없어지고 뒤에 전파된 불교가 조금씩 살아나고 있었지만 수드라[經]를 배우는 이는 딴뜨라를 경시하고 딴뜨라를 배우는 이는 수드라를 경시하며 서로 물과 불의 관계를 유지하고 있었다. 더욱이 황금을 탐내 티베트로 온 현명하지 못한 인도의 수행자들이 현명한 수행자인 양 가장하여 잘못된 성적(性的) 가르침이나 주술적인 가르침을 전파하게 되자, 이에 많은 사람들이 현혹되어 부처님의 바른 가르침이 전파되기가 힘들었다.

그 당시의 왕 예세워는 이것을 안타깝게 여겨 부처님의 바른 가르침이 티베트에 전파되기를 바라는 마음으로 인도의 유명한 스승을 모셔오기 위하여 티베트의 학인 21명을 인도로 보냈다. 그러나 21명의 학인들은 대부분 더위로 인하여 죽고 린찡쌍보와 렉셰라는 학인만이 가르침을 받고 돌아왔지만 스승을 모셔오지는 못하였다. 이들은 티베트로 돌아와서 예세 워에게 인도의 유명한 스승들의 바른 가르침이 무엇인지, 또 수드라와 딴뜨라는 다른 것이 아니고 같은 것이라고 자세히 얘기하며 티베트에 도움이 될 스승은 '비크라마실라'에 계시는 스승 아티샤 뿐이라고 말했다.

만약 위대한 스승인 아티샤를 티베트에 모셔 올 수 있으면 큰 도움이 될 것이라는 여러 인도 스승들의 말씀까지 곁들이자 왕은 아무런 의심 없이 아티샤에 대한 믿음을 가지게 되었다.

왕은 갸 촌두셍게와 함께 백 명의 사절을 황금과 함께 보내어 아티샤를 모셔 오려고 하였으나 실패하자 더 많은 황금이 필요하다고 여겨 자신이 직접 황금을 구하러 나섰다가 그만 갈록의 왕에게 붙잡히게 되었다. 그 소식을 들은 왕의 동생인 장쭙 워는 갈록의 왕에게로 가서 예세 워를 풀어줄 것을 요구하였다. 그때 갈록의 왕은 갈록에서 믿고 있는 종교를 믿든지, 아니면 예세 워의 몸 크기만큼의 황금을 가져오면 풀어주겠노라고 하였다. 그러자 장쭙 워는 요구한 만큼의 황금을 가지고 갔으나 갈록의 왕은 얼굴만큼 모자란다고 하면서 풀어주지 아니하였다. 그러자 장쭙 워는 자신의 형인 예세 워가 갇혀 있는 감옥으로 찾아가 "전쟁을 하게 되면 많은 이들이 다치고 죽게 될 것이며 지옥에 나게 되는 죄를 짓게 될 것이며 또 위대한 스승인 아티샤를 모셔 오지 못하게 될지도 모르므로 전쟁을 일으킬 수도 없습니다. 그렇다고 갈록의 왕 밑에 있게 되면 불교가 아닌 다른 종교를 믿어야 되니 갈록 왕의 밑에 있느니 차라리 죽는 게 낫겠습니다." 하고 말하고는 "지금의 고통은 전생의 업으로 생각하고 삼보에 의지하여 용감하게 기다려주십시오." 하고 예세 워에게 당부했다.

그러자 예세 워는 장쭙 워에게 이렇게 말했다.

"내 생각에는 네가 아직 어리고 귀여움만 받고 있을 나이인 줄 알았는데 이렇게 장성하여 그런 훌륭한 생각을 하는 것을 보니 나의 일을 맡아도 충분히 해낼 수 있을 것 같아 안심이구나. 지금까지 나는 올바른 법이 전파되기 전에는 죽을 수 없다고 생각하였다. 그러나 너를 만나서 이야기를 듣고 보니 당장 죽어도 여한이 없을 것 같다. 여기서 죽지 않더라도 십 년 이상 더 살지 못할 것이므로 많은 황금으로 목숨을 연명하는 것은 삼보에 부끄러운 일이다. 바른 법을 위해서라면 목숨인들 아까울 게 없다. 나를 위해 굳이 황금을 줄 필요는 없다. 이미 나의 몸만큼 황금을 주었으니 더 이상의 황금도 찾기 어려울 것이다. 차라리 그 황금으로 인도의 위대한 스승 아티샤를 모셔오는데 사용하라. 올바른 법을 얻기 위하여 나의 목숨을 갈록 왕에게 주니 내생에는 다시 아티샤를 만나서 올바른 법을 얻을 수 있도록 기원해다오. 내가 가장 중요하게 생각하는 것은 위대한 스승 아티샤께서 올바른 가르침을 티베트에 전해 주었으면 하는 것이다. 바른 가르침을 얻기 위해서는 내가 설사 죽더라도 상관하지 말아라."

몹시 지치고 고통스러운 상태에서도 오로지 티

베트 백성들과 올바른 가르침과 위대한 스승아티샤에 대한 생각뿐인 예세 워와 장쭙 워는 이별의 고통을 기꺼이 받아들였다.

예세 워와 헤어진 후 장쭙 워는 아티샤를 모실 수 있기를 삼보에 기도하였으며, 또한 점술가에게도 물었다. 그러자 아티샤를 모셔올 사람은 낙소라는 번역가 밖에 없다고 하였다. 이때 낙소라는 사람은 궁당세르라는 암자에서 수행하고 있었는데, 장쭙 워는 낙소를 불러 정중하게 그간의 경위를 설명하며 아티샤를 모셔 오기를 청했다. 그리고는 황금 칠백 냥과 함께 자신의 간곡한 청을 아티샤에게 전해 줄 것을 당부했다.

"티베트는 아귀의 나라와 같이 모든 것이 부족하지만 백성의 모든 재산을 모아 이렇게 보내니 거절하지 마시고 오셔서 올바른 가르침을 베풀어 주십시오." 마치 아티샤를 대하듯 간절한 바람을 토로하는 장쭙 워의 눈에서는 하염

없이 눈물이 흘러내렸다. 애초에 낙소는 장쭙 워의 부탁을 거절하려 하였으나, 그의 말이 매우 진실하고 예세 워의 죽음과 수많은 백성들의 염원을 알게 되자 차마 거절할 수가 없어 자신 만의 안일을 버리기로 작정했다.

낙소는 일곱 명의 사절과 함께 황금 칠백 냥을 들고 인도로 향했다. 인도에 도착한 낙소 일행에게 갸 촌두셍게가 찾아 와서 아티샤 이외에 다른 이들에게는 아티샤를 모시러 왔다고 말하지 말기를 당부했다. 특히 가나아까다라는 아티샤가 거주하는 승원의 주지에게는 절대로 말해서는 안 된다고 당부하며 아티샤를 비밀리에 만나서 직접 이야기하는 것이 좋겠다고 하였다.

그들은 도착 후 얼마 동안 아티샤를 만나 뵙기가 매우 힘들었다. 얼마 후 아무도 모르게 아티샤를 찾아가 뵙고 장쭙 워의 말들을 모두 전하였다. 그러자 아티샤는 티베트의 왕들을 일러 보살과 같다고 하면서 티베트의 모든 이들이 불쌍하기는 하지만 자신은 나이도 많으며 하는 일도 많기 때문에 한번 생각해 보겠다고 하였다.

이에 아티샤는 자신이 티베트에 가게 되면 얼마나 도움이 될 것인지 얼마나 더 살게 될 것인지에 대하여 관세음보살과 따라보살에게 물었다. 그러자 아티샤의 꿈속에 관세음보살과 따라보살이 나타나서는 "살 수 있는 기간은 짧지만 티베트에 가면 많은 도움이 될 것이다." 하고 말했다. 다시 "얼마나 살 수 있겠습니까?" 하고 물으니, "티베트에 가지 않으면 92살까지 살지만 가게 되면 73살까지 살게 될 것이다." 하고 말했다. 이에 아티샤는 티베트에 많은 도움이 된다면 수명은 관계 없다고 생각하고는 티베트로 갈 것을 결심했으나, 인도의 모든 사문과 신도들은 강력히 반대했다. 그러자 아티샤는 부다가야나 다른 곳으로 참배하러 간다고 하고는 자신의 귀중한 경전들을 상인들에게 부탁하여 티베트로 보냈다.

그렇게 참배하며 다니다가 네팔에 이르러 잠깐 티베트에 들렀다 온다고 하자 사문들과 신도들은 3년 동안만 있다가 오시라 하고, 낙소에게서도 그러한 다짐을 받아냈다. 이렇게 하여 아티샤가 네팔에서 티베트로 온다는 소식을 들은 장쭙 워는 삼백 명의 신하와 함께 아티샤를 모셔 오기 위해 네팔로 향했다.

아티샤를 만난 장쭙 워는 티베트의 사정을 자세히 이야기하면서 눈물을 흘렸다. 부디 어리석은 사람들이 쉽게 배울 수 있도록 부처님의 가르침을 전해 달라는 간곡함에서 나온 눈물이었다.

아티샤는 매우 기뻐하며 부처님의 모든 가르침이 담긴 『보리도등론』으로 가르침을 베풀었으며 외도나 잘못된 가르침들은 자연스럽게 없어지게 되었다.

아티샤가 머물기로 한 3년이 다 되었을 때 네

팔과 티베트 국경에서 전쟁이 일어나 인도로 돌아가지 못하게 됨에 따라 아티샤 자신이 티베트에서 가르치고 있던 『보리도등론』을 인도로 보내면서 자신이 지금 가지 못하는 이유도 전달하였다.

이 시기의 인도에서는 유명한 스승들이 글을 지으면 그것을 돌려서 보고 이상이 없으면 국왕의 인준을 받아 책을 펴내게 되는데, 이때 보낸 아티샤의 『보리도등론』을 보고 인도의 모든 유명한 스승들은 티베트 뿐만이 아니라 인도에도 많은 도움이 되겠다고 감탄하며 티베트에 그냥 머물더라도 『보리도등론』의 해석만은 보내 주기를 원했다.

이렇게 전쟁으로 인하여 아티샤가 인도로 돌아가지 못하고 티베트에 머물게 된 것은 티베트 사람에게는 큰 복이 아닐 수 없었다.

그 후 티베트에서는 위대한 스승 아티샤의 가르침이 전해져 내려와 쫑카빠에게로 이어졌으며 위대한 스승 쫑카빠께서는 스승 아티샤의 가르침을 『보리도차제』라는 책으로 묶어서 사람들에게 전하게 되었다.

이렇게 하여 티베트의 모든 사람들은 『보리도차제』에 의지하여 가르침을 배우게 되었으며 지금도 『보리도차제』를 매우 중요한 가르침으로 여기며 배우고 있다.

업장을 소멸하는 데에도 보리심보다 나은 것이 없다. 아상가는 동굴 안에서 미륵보살을 만나기 위해 십이년 동안 수행을 했어도 뜻을 이루지 못했다. 그러나 중생에 대한 연민이 생김으로써 모든 업식들이 녹아 미륵보살을 뵙게 되었다. 이처럼 보리심없이 백 년을 참회하는 것보다 단 하루라도 보리심을 갖고 관상하는 것이 훨씬 낫다.

보리심을 일으키면 일시적인 것과 궁극적인 모든 이익이 되는 일들을 힘들이지 않고 성취한다.

이익이 되는 일 중에서 최고는 일체중생이 원하지 않는 고통으로부터 벗어나게 하는 것과 그들이 원하는 행복을 성취하게 하는 것인데, 이 또한 보리심에 달려 있다.

보리심을 일으키면 저절로 공덕을 쌓게 되고, 업장 소멸도 저절로 되며, 장애들도 그 보리심으로 인해 저절로 사라진다. 공덕을 쌓는 데도 보리심보다 더 나은 것은 없다.

- 쫑카파(1357-1419)의 〈람림체모(깨달음에 이르는 길)〉

發菩提心 一向專念 阿彌陀佛
발보리심 일향전념 아미타불

보리심 없이 100년을 참회하는 것보다 단 하루라도 보리심을 갖고 관상觀想하는 것이 훨씬 낫다

Praise to Je Tsongkhapa
The Great Embodiment of Compassion, Wisdom and Power

제2장
『보리도차제』를 배움으로써
얻게 되는 이득

1. 부처님의 모든 가르침은 하나로 통함을 알게 된다

모든 중생들이 깨달음에 이를 수 있도록 가르치신 것이 정법이다. 바른 법들은 모두 연결되어 있으며 차이가 없다.

예를 들어 소승이니 대승이니 하는 구분이나 수드라[經], 딴뜨라[禪]와 같은 구분도 절대적 의미를 지닌 것이 아니다. 이것은 모두 하나의 가르침으로 연결되어 있는 것이며 단지 이름만 다를 뿐이다. 이렇게 깨달음을 위한 가르침은 모두 연결되어 있으며 하나인 것이다.

예를 들어 의사가 환자의 병에 따라 처방을 내리게 되는데 환자가 몸에 열이 날 때에는 고기와 같은 음식은 해로우므로 먹지 말라고 하고 또 그 병이 낫고 난 후에는 몸이 허약해졌으므로 고기를 먹어야 한다고 처방한다. 소승이니 대승이니 하는 구분도 그와 같아서 한 환자에게 병에 따라 처방을 달리 내리는 것과 같다. 이런 저런 처방들도 결국은 병을 고치기 위한 하나의 목적으로 귀결 되는 것이다. 소승이니 대승이니 하는 것도 처방일 뿐 결국은 깨달음에 이르게 하는 하나의 가르침에 모두 연결되어 있다.

깨달음의 길에서는 앞의 예에서와 같이 소승 대승의 구분이 있을 수 없다. 나와 세계의 실상을 알기 위해서는 먼저 성문들이 주로 공부하는 사성제(고苦 · 집集 · 멸滅 · 도道)에 대하여 알아야 하며 연각들이 주로 공부하는 십이연기에 대해서도 알아야 한다. 또한 보살들이 공부해야 하는 육바라밀에 대해서도 알아야 하며 그 후에는 딴뜨라에 대해서도 공부해야 하는데, 이 모두가 한 몸의 팔·다리 같은 것들이다. 하나도 필요치 않은 것이 없는 것이다.

중생들을 구하는 것이 보살의 의무인데 모든 중생을 구제하기 위해서는 성문 연각 보살 등이 배우는 모든 부처님의 가르침을 다 자세히 알아야 한다. 그러지 않고서 어떻게 천차만별의 중생들을 구제할 수가 있겠는가.

2. 모든 가르침들을 참되게 받아들일 수 있게 된다

『보리도차제』에 대하여 배우지 않으면 부처님 가르침의 정수에 이르지 못한다. 최고의 가르침은 부처님의 말씀과 부처님의 가르침으로 만들어진 경전들이다. 요즘 사람들은 대장경에 기도는 열심히 하지만 실제로 공부하려고 하지는 않는다. 또한 위대한 스승들의 말씀도 배우려 하지 않는다.

어떤 사람들은 기도나 염불만 하면서 그것을 최상의 것으로 여기는데 부처님의 가르침을 자세히 배우지 못했기 때문에 생기는 망집이다. 기도와 염불 뿐만 아니라 경전의 가르침도 자세히 배워야 하는 것이다. 부처님의 가르침이나 위대한 스승들의 가르침을 넓게 자세히 배우지 않고 기도나 참선만으로 평생 동안 수행하는 것은 바르게 배우지 못했기 때문이다. 따

라서 가르침을 바르게 배우는 가운데 기도와
참선도 행해야 하는 것이다. 마치 자동차가
네 개의 바퀴가 있어야 갈 수 있듯이, 가르침
을 자세히 넓게 배우게 되면 어떠한 경전을 대
하더라도 참된 가르침으로 자신에게 다가오게
된다. 그래야만 경전을 존귀하게 여기는 마음
도 생기게 된다. 그러한 자세로 경전을 대하면
어떠한 경전을 보더라도 피와 살이 되는 법이
다.

3. 부처님의 가르침을 쉽게 이해하게 된다

부처님의 모든 가르침과 위대한 스승들의 가르
침은 우리들을 깨달음에 이르게 하는 최고의
길잡이다. 하지만 그러한 가르침들도 『보리도
차제』에 의지하지 않으면 쉽게 이해하기가 어

렵다. 다른 방법에 의하여 배우게 되면 아주 많은 어려움이 따르게 된다.

초발심·보리심·공성에 대하여 자세히 알게 되면 이것이 바로 부처님의 가르침으로 우리를 깨달음에 이르게 하는 것임을 알게 된다. 예를 들어 대장경을 바다에 비유해 보자 초발심·보리심·공성, 이 세 가지는 부처님 가르침의 핵심인데 이것은 바닷속의 보석과 같고, 『보리도차제』는 배와 같으며, 이것을 가르치는 스승은 그 배의 선장과 같다. 큰 바닷속의 보석은 배에 의지하지 않으면 얻을 수가 없듯이 『보리도차제』에 의지하지 않으면 부처님 가르침의 핵심을 찾기가 힘들다. 또 유능한 선장과도 같은 위대한 스승을 만나지 못하면 『보리도차제』라는 배를 타고 큰 바다와도 같은 대장경을 헤쳐 가르침의 보석을 쉽게 얻을 수 없는 것이다.

4. 허물이 자연스럽게 없어지게 된다

부처님의 핵심적인 가르침인 초발심, 보리심, 공성 이 세 가지에 대하여 자세히 알지 못하면, '이것이 좋다 저것이 더 좋다' 하는 마음이 생기게 된다. 그것은 큰 죄를 짓는 일이다. 그러한 허물을 없애려면 초발심·보리심·공성에 대한 부처님의 가르침을 자세히 알아야만 한다.

예를 들어 화가가 그림을 그리려면 화선지, 물감, 붓 등의 도구가 모두 갖추어져야 한다. 하나라도 없으면 그림을 그릴 수 없다. 마찬가지로 부처님의 가르침도 각각인 것처럼 보이지만 하나로 연결되어 있다. 모든 가르침이 다 필요하며 궁극에는 하나임을 알아야 한다. 그래야만 도구에 의지하여 그림을 그리듯이 부처님의 가르침에 의지하여 깨달음을 완성해 나갈 수 있는 것이다. 깨달음의 완성 즉 그림이 완성되는 과정에서 낱낱의 허물은 자연스럽게 사라지게 된다.

『보리도차제』에는 모든 부처님의 가르침이 들어 있으며 또 한편으로는 다른 경전들을 이해할 수 있도록 하는 열쇠를 지니고 있다. 어떤 특정한 경전에만 의지하지 않고 『보리도차제』와 같은 경전에 의지하여 넓고 높게 배우면 깨달음에 가까이 다가 갈 수 있으며 자신의 허물들도 자연스럽게 없어지게 된다.

달라이 라마의 아침 기도문

1. 사람을 만날 때마다 언제나 나 자신을 가장 미천한 사람으로 여기고 상대방을 최고의 존재로 여기게 하소서.
2. 나쁜 성격을 갖고 죄와 고통에 억눌린 존재를 볼 때면 마치 귀한 보석을 발견한 것처럼 그들을 귀하게 여기게 하소서.
3. 다른 사람이 시기심으로 나를 욕하고 비난해도 나를 기쁜 마음으로 패배하게 하고 승리는 그들에게 주소서.
4. 내가 큰 희망을 갖고 도와준 사람이 나를 심하게 해칠 때 그를 최고의 스승으로 여기게 하소서.
5. 나로 하여금 직접 또는 간접적으로 모든 이웃들에게 도움과 행복을 줄 수 있게 하소서.
6. 남들이 알지 못하게 모든 이웃의 불편함과 고통을 떠맡게 하소서. (보성 대원사 티벳박물관)

제3장
가르침을 듣는 방법과
다른 이들에게 가르치는 방법

이 장은 『보리도차제』 중에서도 가장 중요한 부분이다. 배우는 이의 태도에 따라 스스로를 변화시킬 수 있는 핵심을 담고 있기 때문이다. 여기서 바르게 알지 못하면 다른 모든 것들을 제대로 알고 행할 수 없게 된다.

1. 가르침을 듣는 방법

1) 가르침을 들음으로 생기게 되는 이득

배우고자 하는 간절한 마음을 일으키기 위해서는 가르침을 들음으로 해서 생기게 되는 이득이 무엇인지를 아는 것이 중요하다. 그 이득은 바로 이런 것들이다. 불법의 현묘한 이치를 알게 되며, 죄를 짓지 않게 되며, 무의미한 일들을 피하게 되며 깨달음을 얻을 수 있게 되는 것 등이다.

들음은 어두운 길을 가는 이에게는 눈부신 등불이며 무지의 적을 정복하는 무기이다. 충언을 아끼지 않는 참된 벗이며 가난하게 되어도 변치 않는 어진 친구이다. 고통이라는 병에는 양약이며, 재앙의 군사를 물리치는 최고의 군사이니 수행자들에게는 최상의 선물이다.

한 단어를 듣게 되면 한 단어를 모르던 무지가

제3장 가르침을 듣는 방법과 가르치는 방법

없어진다. 열 단어를 듣게 되면 열 단어를 모르던 무지가 없어지고 열 단어를 알게 되는 지혜가 생기게 된다. 듣지 않으면 낫을 곁에 두고도 기역자를 모르는 것과 같은 어리석음에 빠지게 된다.

불빛이 하나도 없는 데서는 눈을 가지고도 볼 수 없는 것처럼 인간으로 태어나 지혜를 갖추고 있으면서도 듣지 못하면 선과 악을 구별할 수 없게 된다. 깜깜한 곳에서도 불빛이 있으면 누구나 물건을 식별할 수 있듯이 선과 악은 들음을 통해 구별할 수 있게 된다.

들음은, 도둑들이 훔쳐갈 수 없는 보석과도 같다. 들음에 의해 생긴 지혜의 보석은 도둑이나 강도에 의해서도 잃어버릴 수 없기 때문이다. 물질적인 보석들은 옮기기도 힘들지만 들음으로 생긴 지혜의 보석은 모양 없이 언제나 함께하며 죽음에 이르러 다음 생으로 가져가게 되는 재산이기도 하다. 그러므로 우리들은 물질적인 보석에 미련을 버리고 들음의 보석에 관심을 기울여야 한다.

들음은 무지의 적을 물리치는 무기이다. 왜냐하면 들음에 의하여 번뇌의 적을 다 물리칠 수가 있기 때문이다.

들음은 충언을 아끼지 않는 친구와 같다. 왜냐하면 해야 할 일과 하지 말아야 할 일을 확실히 알게 해 주기 때문이다. 티베트의 왕 예세워가 감옥에서 목숨을 걸고 자신의 생각을 지킬 수가 있었던 것도 들음의 지혜가 있었기 때문이다.

들음은 가난해지더라도 변치 않는 어진 친구이다. 왜냐하면 속세의 친구들은 자신이 부자일 때는 친하게 대하다가도 가난하게 되면 금방 태도가 변하여 자신을 버릴 수 있지만 들음의 친구는 자신이 병들거나 어려울 때나 죽음에 처했을 때도 변하지 않고 자신을 도와주는 친구인 것이다.

들음에 의지하면 스스로 삼보에 귀의하게 되고 명상과 정진을 하게 되며 악업을 멀리 하는 믿음이 생기게 되고 악업을 피함으로써 생기는 기쁨도 얻을 수가 있다. 무지와 지혜를 구별하여 알게 되고 깨달음에 이를 수 있는 이득도 생기게 된다.

들음은 설혹 자신의 뼈와 살을 주고서라도 얻어야만 한다. 부처님께서도 전생에 살을 떼어 주고서 바른 가르침을 구한 적이 있는데, 뼈와 살을 주지 않고서도 구할 수 있는 지금은 더욱 더 열심히 바른 가르침을 들어야만 하는 것이다. 들으면 들을수록 지혜는 높아지며 지혜가 높아지면 높아질 수록 수행은 깊어진다. 배워서 알고 있는 사람과 배우지 못하여 모르는 사람의 차이는 매우 크다.

2) 가르침과 가르침을 베푸는 스승을 공경해야 한다

법과 법을 가르치는 스승들은 부처님을 공경하는 것과 마찬가지로 공경해야 한다. 게으른 마음을 버리고 다음과 같이 다섯 가지 마음으로 공경해야 한다.

첫째, 스승이 편안한 마음으로 가르침을 베풀 수 있는 시간에 맞추어 가르침을 청해야만 하며 자기 시간에 맞추어 가르침을 청해서는 안 된다.

옛날 한 제자가 가르침을 청했는데 그때 마침 스승은 경전을 정리하던 중이어서 가르침은커녕 막대기로 얻어맞기만 하고 물러나야 했다. 이와 같이 제자는 스승의 마음 상태를 살펴 가르침을 베풀 수 있을 때에 맞추어 가르침을 청하여야만 한다.

둘째, 항상 스승을 공경하여 잘 받들어 모셔야

한다.

셋째, 스승이 어떤 일을 시키면 화를 내서는 안 된다.

넷째, 스승이 일을 시키면, 하고 나서라도 왜 나에게 이런 일을 시키는가 하면서 원망하면 안 된다.

다섯째, 법과 스승에 대하여 하찮게 여기는 마음을 가져서는 안 된다.

또 다음과 같은 다섯 가지의 경우에도 스스로 마음을 다스려야만 하는데 파계를 한 스승, 자기보다 지혜가 낮은 스승, 행색이 초라한 스승, 가르치는 방법이 매우 난폭한 스승, 악설 (惡說)로 자기를 대하는 스승 등에 대하여도 가벼이 여기는 마음을 내서는 안 된다. 이러한 스승이 있게 된 것은 모두 자기 자신의 잘못이라고 생각하여야 하는 것이다.

3) 가르침을 듣는 방법

(1) 바르게 듣는 세 가지 방법

① 마음을 집중하여야 한다

그릇이 뒤집어져 있으면 아주 맛있는 음식이 있어도 담을 수가 없는 것처럼 가르침을 들을 때는 마음을 집중하여야 한다. 그렇지 않으면 그 장소에 없는 것과 같다. 그러므로 가르침을 들을 때에는 마치 사슴이 좋은 소리에 취하여 뒤에서 사냥꾼이 화살을 쏘아도 모르는 것처럼 집중하여야만 한다.

② 동기가 순수하여야 한다

그릇이 뒤집어져 있지 않아도 더럽거나 독이 들어있으면 맛있는 음식을 넣을 수가 없게 되는 것처럼 비록 집중하여 잘 듣더라도 동기가 순수하지 못하면 큰 허물이 된다. 자신을 영리한 사람으로 만들기 위해서나 다른 이들을 가르치기 위해서만 듣는다면 자신의 마음을 변화시키기 어렵다. 그러나 자신만을 변화시키려고 듣는 것도 옳지 않다.

③ 잊지 말아야 한다

그릇에 구멍이 나 있으면 아주 맛있는 음식을 담아도 소용이 없게 되는 것처럼 가르침에 집중하며 동기 또한 순수해도 가르침을 잊어버리면 아무 소용이 없다. 잊지 않기 위해서는 많은 노력이 필요하다. 그래서 부처님께서도 "열심히 들어라, 잘 들어라, 잊지 말라." 하고 말씀하신 것이다.

바르게 듣는 것은 그릇을 뒤집어 놓지 않는 것과 같으며, 그릇에 있는 냄새와 독을 없애는 것과 같으며, 그릇에 구멍이 나지 않게 하는 것과 같다.

(2) 듣는 이의 자세

① 자신이 병자임을 인식하라

자기 자신이 병자임을 인식해야 한다. 자신이 병자이면서도 병에 걸린 줄을 모르는 것은 마치 열병에 걸려있으면서도 알지 못하여 노래를 흥얼거리는 것과 같다. 몸이 건강한 사람은 아픈 곳이 없다고 생각하지만 사실은 삼독(탐貪 · 진瞋 · 치癡)의 큰 병에 의해 자주 앓고 있다.

사람들은 흔히 장을 보러가서 아주 좋은 물건을 보고서도 돈이 아까워 사지 못하고 돌아와서는 그 물건에 대한 욕심으로 아쉬워하는데 이것이 바로 탐욕(貪)의 병이다.

다른 이들에게서 나쁜 말을 듣거나 나쁜 생각이 나거나 나쁜 것을 보았을 때 매우 화를 내게 되는데, 이것이 바로 화냄(瞋)의 병이다.

질투나 자만 등과 같은 것도 자신을 바늘로 찌르는 것과 같은 고통을 주는 것들이다. 이와 같이 우리는 탐욕과 성냄과 질투와 자만 등의 병에 걸려 있다. 대부분의 사람들은 작은 상처에도 매우 고통스러워하면서 삼독의 병에 대해서는 겁을 먹기는커녕 아무렇지 않게 살아가고 있다. 병에 걸려 한 두 달만 지나도 매우 두려워하면서 시작도 없는 전생에서부터 이 생까지 수도 없이 삼독이라는 병에 걸려왔으면서도 치료하지 않고 있는 것이다. 이 삼독이라는 병을 치료하지 않는 한 다시금 윤회를 계속해야만 하는데도 어찌 두려워하지 않을 것인가

② 바른 가르침만이 양약임을 알라

자신을 병자라고 인식한 다음에는 약을 찾아야 한다. 특히 삼독의 병을 없애는 약으로는 바른 가르침[정법正法]뿐임을 알고 마땅히 그것을 찾기 위해 혼신의 노력을 다해야 한다.

③ 스승을 훌륭한 의사로 알라

병자가 의사의 처방 없이 약을 먹게 되면 목숨을 잃을 수도 있다. 이처럼 훌륭한 스승에게 의지하지 않고 자기 혼자서 경만 보고 염불이나 참선만을 하게 되면 깨우치기는커녕 자만심만 더 성하게 할 수 있다.

염불이나 참선을 하는 수행자에게도 훌륭한 의사와 같은 스승이 꼭 필요하다. 병자가 훌륭한 의사를 만나게 되면 매우 기뻐하며 존경하게 되는 것과 같이 스승을 만나게 되면 역시 기뻐하고 존경해야만 한다.

④ 스스로 병을 고치기 위해 노력하라

병자에게 필요한 것은 의사와 약이다. 그러나 의사에게 약을 얻어 놓고도 먹지 않는다거나 의사의 지시에 따르지 않으면 병을 고칠 수 없다.

그와 마찬가지로 훌륭한 스승으로부터 삼독을

치유하는 약인 가르침을 얻고서도 실천하지 않으면 아무 소용이 없다. 따라서 삼독의 병을 고치기 위해서는 바른 가르침과 스승의 말씀을 잘 듣고 실천해야만 한다. 가르침을 듣기만 하고 실천을 하지 않으면 사탕수수를 얻고서도 겉만 핥는 것과 같다.

우리는 삼독이라는 오래된 나쁜 병을 지니고 있으므로 잠시 동안 배우는 것만으로는 고칠 수가 없다. 쉼 없이 흐르는 강물과 같이 배우고 닦기에 힘써야 한다.

⑤ 부처님과 스승들의 은혜를 생각하라

바른 가르침을 최초로 펴신 분은 부처님이시다. 깨우친 진리를 쉽고 바르게 가르치신 것이다. 그런 부처님의 가르침을 우리는 은혜롭게 생각해야 한다. 마찬가지로 스승들의 가르침에 대해서도 그렇게 생각해야 한다.

⑥ 깨달음의 원을 세워라

부처님의 은혜에 보답하기 위해서는 스스로 깨닫는 것이 최선이다. 그 길은 끝없는 자기 확인과 쉼없는 수행의 과정이기도 하다.

얼굴에 묻은 먼지는 거울을 보고 알 수 있지만 마음의 허물은 경전이라는 거울을 통해야 한다. 이렇게 마음의 결점을 알게 되면 경전에 의지하여 그 결점들을 고칠 수가 있다.

물론 그러한 결점들을 고치기 위해서는 쉼없는 수행이 따라야 한다.

또 가르침을 들으면서 저 스승이 정말로 훌륭한 스승인가 저 스승의 가르침이 바른 것인가 하고 의심하면 안 되는데, 이렇게 의심하기 시작하면 삼독이라는 병과 친하게 되어 결코 깨달음에 도달할 수가 없게 된다.

2. 가르침을 베푸는 방법

1) 오로지 자비심으로 베풀어라

자신의 이득을 바라지 않고 바른 가르침을 베푸는 것은 매우 중요하다. 강의료를 많이 받을 수 있다는 기대와 수많은 제자들의 공양을 받게 된다는 생각과 유명해지리라는 희망을 가지고 가르치게 되면 오히려 악업을 짓는 것과 같다. 그러므로 자신의 이득을 생각하지 않고 가르침을 베풀어야 하며, 진정으로 도움을 주겠다는 자비심으로 가르쳐야만 한다.

부처님께서도 "전생에 순수한 자비심으로 가르침을 베푼 이는 현생에 돈이 없어도 배울 수 있게 되고 스승을 힘들여 모시지 않아도 배울 수 있는 공덕이 있다"고 말씀하셨다. 많은 물건을 보시하여 베푸는 것보다 바른 가르침 한 마디를 베푸는 공덕이 더 크다. 이런 이득들이 자신을 깨달음에 이르게 하는 양식이라 생각하면서 가르쳐야 한다.

또 큰소리로 염불하거나 독경을 할 때에도 신이나 용왕 도깨비 등에게도 가르침을 베풀겠다는 자비심을 가지고 행하면 마찬가지로 큰 공덕이 있다. 보통의 대화를 할 때나 당면한 과제에 대하여 이야기할 때에도 가르침을 베풀겠다는 마음으로 행하면 그 또한 큰 공덕이 된다.

2) 공경하는 마음으로 가르침을 베풀어라

부처님께서 영취산에서 설법을 하실 때, 부처님께서 앉으실 의자(금강좌)를 제자들이 만들게 하지 않고 손수 만드셨다. 왜냐하면 바른 가르침은 부처님들께서도 공경해야 하기 때문에 몸소 제자들에게 그것을 일깨운 것이다.

또한 부처님께서 열반하신 후 제자들이 처음 모였을 때 오백 명의 아라한이 모두 가사를 벗어 포갠 후 자리를 만들어 그 위에 아난 존자를 앉히고 아난 존자에게서 부처님의 가르침에 대해 들었다.

원래 가사라는 것은 깨달음의 옷이기 때문에 아무렇게 사용하거나 방석으로 사용해서는 안 되는데 바른 가르침을 공경하는 마음으로 방석으로 사용했던 것이다.

그러므로 우리도 부처님과 부처님의 가르침을 항상 공경해야 하며 그러한 마음으로 가르침을 전해야 한다.

3) 가르침을 베풀 때의 마음가짐과 행동

마음가짐

가르침을 베풀 때 중요한 것을 아깝게 여겨 그것을 빼버리거나 피곤하다 하여 가르치지 않거나 다른 이의 결점을 들추어가면서 가르치거나 가르침을 받는 이가 혹시 자신보다도 더 높게 되지나 않을까 하는 마음으로 가르쳐서는 안 된다. 누구에게나 자신을 대하듯이 자비심으로 가르침을 베풀어야 한다.

자신을 의사처럼 생각하고 바른 가르침〔正法〕은 약이라 생각하여 의사가 병이 낫기를 바라면서 치료하듯이 가르침을 베풀어야 한다. 또한 자신이 가르침을 베풀 수 있게 된 것은 부처님이나 스승의 베푸심으로 가능하게 되었기 때문에 부처님이나 스승, 바른 가르침에 대하여 은혜롭게 생각하는 마음으로 가르침을 베풀어야만 한다.

행동

가르침을 베풀 때에는 용모와 의복을 단정히 해야 하며 배우는 이 보다 높은 곳에 앉아서 부드러운 말과 자애로운 모습으로 가르쳐야 한다. 사람이 집을 지을 때 기초부터 차근차근 지어 올라가듯이 기초부터 단계적으로 가르쳐야 한다. 그러나 노인들이 음식을 먹을 때 먹기 쉬운 것만 골라서 먹듯이 어려운 것은 두고 쉬운 것만 가르쳐서는 안 된다.

또 바른 가르침에 대하여 자세히 알지 못하면서 가르치는 것은 마치 맹인이 길 안내를 하는 것과 같이 위험한 일이다.

그러므로 가르치기 전에는 항상 위와 같은 마음가짐으로 실천할 준비가 돼 있는지를 살펴야 한다.

또 가르침을 베풀려고 높은 의자에 앉게 될 때는 부처님과 모든 스승들이 자신의 몸으로 내려 온 것으로 생각해야 한다. 그렇지 않으면 자만심이 생기게 된다.

또 자신이 높은 의자에 앉아 가르치려고 할 때는 제자들 뿐만 아니라 신이나 용왕 도깨비 등도 가르침을 들으러왔다고 생각해야만 한다.

모름지기 가르침을 베풀 때의 행동은 이러해야 한다.

4) 가르쳐야 되는 이와 가르치지 않아도 되는 이의 구별

가르침을 구하지 않는 이에게는 가르치지 않아야 하며, 가르침을 구하는 이라 할지라도 곧바로 가르쳐서는 안 된다. 나는 아는 것이 별로 없으므로 당신과 같은 사람을 가르칠 능력이 되지 못한다 하고 생각한 후 가르침을 베풀어야 하며, 또한 가르침을 구하는 이가 그 가르침을 배울 능력이 있는지 없는지를 잘 살펴서 베풀어야 한다. 그 결과 가르침을 구하는 이의 능력이 충분할 경우에는 바로 가르침을 베풀어야 한다.

또한 가르침을 베풀 때 다음과 같은 사람들에게는 삼가야 한다. 앉아서 배우려는 이에게 서서 가르침을 베풀면 안 되고, 누워서 배우려는 이에게 앉아서 가르침을 베풀면 안 되고, 높은 곳에 앉아 배우려는 이에게 낮은 곳에서 가르침을 베풀면 안 된다.

가르침을 배우는 이와 가르치는 이 둘 다, 바른 가르침이 세상에 오래도록 지속되기를 기원해야만 하며 또한 일체 중생들이 함께 깨달음을 얻게 되기를 기원해야만 한다.

제4장
깨달음으로 가는 길

큰 스승 짠드라끼드띠께서는 "깨달음을 구할 수 없는 다섯 곳에서 벗어나서, 깨달음을 구할 수 있는 곳에 태어나고서도 자신이 깨달을 수 있다는 사실을 알지 못하여, 다시 깨달을 수 없는 곳으로 가게 된다면 고통만이 기다릴 뿐이다. 바른 가르침을 한 마디도 들을 수 없는 곳에 떨어지게 되면 누가 건져 올려 줄 수 있겠는가" 하고 말씀하셨다. 그러므로 깨달을 수 있는 능력을 갖추었을 때 깨달음의 길을 찾아야 한다. 그 길은, 일체 중생을 위해 깨달음을 얻겠다는 마음으로 가르침을 바르게 배우는 방법을 알 때 비로소 자신을 향해 열린다.

길을 찾는 방법에는 두 가지가 있는데, 그 첫째는 스승을 찾아야 하는 것이고, 둘째는 스승을 찾고 난 후에 마음을 변화시키는 방법을 아는 것이다.

1. 올바른 수행 방법

1) 수행할 때의 행동
(1) 수행 전에 해야 할 일

먼저 수행하는 장소를 깨끗이 해야 한다. 존경하는 사람을 초대하였을 때 방을 깨끗이 청소하는 것처럼 수행을 할 때도 부처님이나 위대한 스승들을 자신의 수행 장소로 초대했다고 생각하여야 한다. 그러나 자신만의 행복을 위하여 수행하는 장소를 깨끗이 하는 것은 마치 청소부가 의무적으로 청소하는 것과 같아 공덕이 될 수 없다. 일체 중생들을 위하는 마음으로 수행을 하고, 부처님이나 위대한 스승들을 존경하는 마음으로 수행 장소를 깨끗이 하면 큰 공덕이 된다. 이렇게 청소를 함으로써 얻게 되는 공덕은, 먼저 자신의 마음을 청정하게 하며 다른 사람의 마음도 청정하게 만든다.

한편 선신들은 늘 수행하는 이를 도와 주러 오는데, 수행하는 장소가 깨끗하지 못하면 선신들은 오지 않는다. 선신들은 깨끗한 장소가 아니면 가지 않기 때문이다. 따라서 수행하는 장소가 깨끗하지 못하면 선신의 도움을 받지 못하게 되므로 여법한 수행이 이루어질 수 없다. 반대로 수행하는 장소가 깨끗하면 선신들이 기뻐할 뿐만 아니라 부처님이나 모든 스승들도 기뻐하게 된다.

수행 장소를 깨끗이 하면, 훌륭한 용모 뿐 아

니라 계율을 잘 지키는 이로 태어나게 되는데, 계율을 잘 지키는 이라면 설혹 용모가 훌륭하지 않더라도 부처님이나 스승들의 눈에는 매우 아름답고 훌륭하게 보이게 된다. 수행 장소를 깨끗이 하면 천상에 태어난다고 하는데, 이는 정토(淨土)에 태어나는 것을 말한다.

옛날 사라스와떼의 어떤 집안에, 아기가 태어나기만 하면 죽어 버리는 일이 생겼다. 이를 본 옆집의 할머니가 와서는, 훗날 아기가 태어나면 자기를 부를 것을 당부하였다. 후에 아기가 태어나서 그 할머니를 부르자, 할머니는 한 여인에게 이 아기를 데리고 큰길에 서 있다가 수행자들이 지나가면 아기에게 축복해 주기를 부탁하라고 하였다. 그리고 해질녘까지 기다리다가 아기가 죽으면 버리고, 죽지 않으면 데리고 오라고 일렀다.

그 여인은 할머니가 시키는 대로 지나가는 수행자들로부터 아기의 탄생을 축복 받았다. 마침 부처님께서도 탁발하시던 중에 그 여인을 만나, 아기가 오래 살아 참된 수행자가 되라고 축복을 해 주었다.

여인은 해가 지고 나서도 아기가 죽지 않자 집으로 돌아왔다. 그런 연유로 아기는 람첸빠〔大路〕로 불리게 되었다. 그 후 람첸빠는 성장하면서 공부를 게을리 하지 않았으며 나중에 출가 수행자가 되어 아라한이 되었다.

그 집안에 또 한 아기가 태어났는데, 다시 옆집에 사는 할머니를 불렀다. 할머니는 지난 번과 똑같이 하도록 시켰다.

그러나 그 여인은 큰길로 가기 싫어서 좁은 길로 가게 되었는데, 한 사람의 수행자도 만날 수가 없었다. 그때 이를 아신 부처님께서 일부러 그곳에 나타나시어 그 아기에게도 전처럼 축복을 해주셨다. 해가 지고 나서도 아기가 죽지 않자 여인은 집으로 돌아왔다. 그래서 이 아기는 람충빠〔小路〕라 불리게 되었다. 람충빠 또한 성장하여 공부를 하였으나 하나를 배우면 하나를 잊어버릴 만큼 우둔하여 모든 스승으로부터 쫓겨날 수밖에 없었다.

훗날 부모님께서 돌아가시자 람충빠는 형을 찾아가 자신도 출가하겠다고 하였다. 형 람첸빠가 살펴보니 동생도 출가할 공덕이 있는지라 출가를 허락하였다. 이렇게 출가를 하게 된 람충빠는 한 스승 밑에서 배우게 되었는데 스승은 네 개의 문장을 주면서 익히라고 하였다. 그러나 람충빠는 석 달이 지나도 네 개의 문장을 익히지 못했다. 그러자 스승은 람충빠를 다시 그의 형인 람첸빠에게로 보내 버렸다. 아우인 람충빠가 다시 자신에게로 오자 람첸빠는 동생을 어떻게 가르치는 것이 좋을까를 생각하다가, 냉정하게 대하는 것이 좋겠다는 결론을 얻게 되었다. 그래서 람첸빠는 동생 람충빠를 승원 밖으로 내쫓아 버렸다. 이렇게 형에게서도 쫓겨난 람충빠가 실의에 빠졌을 때 부처님이 이를 아시고 람충빠에게 가서 왜 슬퍼하느냐고 물었다. 그러자 람충빠는 자초지종을 털어 놓았는데, 부처님께서는 보통 사람들의 친절함보다는 그런 스승들의 박대가 더 낫다고 하시면서 다시 배우고 싶냐고 물었다. 람충빠는 자신의 우둔함을 솔직히 털어 놓으며 배울 수가 없을 것 같다고 대답하였다. 이에 부처님께서는 자기 자신을 솔직하게 얘기하는 것을 보니 우둔한 것이 아니라며 함께 승원으로 가자고 하였다. 이에 람충빠는 매우 기뻐하며 열심히 배우겠다고 말했다. 그렇게 하여 람충빠는 부처님 곁에서 배우게 되었는데, 단 하나의 문장 즉, "먼지를 없애게 되면 냄새도 없어진다"는 가르침을 받았다. 그러나 람충빠는 그것마저도 익힐 수가 없었다. 그러자 부처님께서는 너는 비구들의 신발을 닦을 수 있겠느냐고 물었다. 그러자 람충빠는 그럴 수 있다고 하였다.

이렇게 하여 람충빠는 비구들의 신발을 닦게 되었는데, 이런 사정을 아는 비구들은 람충빠

의 수행을 위해 신발을 닦을 수 있게 해주었
다. 그렇게 비구들의 신발을 닦는 동안 람충빠
는 전에 부처님께서 베풀었던 가르침에 대하여
깨우쳐 알게 되었는데 그것을 안 부처님께서
신발 닦기를 그만두고 마당 청소를 하라고 명
했다.

그날부터 람충빠는 부처님의 가르침을 항상 염
송하면서 마당을 청소하였다. 오른쪽 마당의
먼지를 치우면 왼쪽 마당에 먼지가 쌓이고, 왼
쪽 마당의 먼지를 치우면 오른쪽 마당에 쌓였
지만 조금의 게으름도 피우지 않았다.

그렇게 열심히 청소를 하던 어느 날, 부처님께
서 말씀하신 먼지가 '마당에 있는 먼지인가,
아니면 자신의 마음 안에 있는 먼지인가?' 하
는 궁금증이 생겨났다. 그 후 계속 생각한 끝
에 '마음의 먼지를 치우면 자연히 마당의 먼지
도 없어지게 된다'는 것을 깨닫게 되었다. 그
리하여 람충빠는 뒤에 아라한이 되었는데, 부

처님께서도 제자 중에서 마음을 변화시킬 수 있는 능력은 람충빠가 제일이라고 칭찬하셨다.

이와 같이 수행 장소를 깨끗이 하는 것은 매우 중요하다.

또 옛날에 킴다꿰메세진이라는 승원을 청소하는 사람이 있었는데, 하루는 급한 일이 생겨 승원 청소를 못하였다. 그러자 부처님께서는 몸소 승원을 청소하셨다. 이렇게 부처님과 같이 깨달은 분도 청소하는 것을 중요하게 여기셨다.

그러므로 절이나 승원 등 수행하는 장소에 침을 뱉거나, 쓰레기를 버리는 일은 공덕을 없애는 일이다. 마음에 쌓여있는 먼지를 없앤다는 생각으로 수행하는 장소를 깨끗이 하는데 게을리 하지 말아야 한다.

두 번째로 수행을 원만히 하기 위해서는 수행하는 장소 사방에 돌로 탑을 쌓아야 한다. 그 까닭은 사천왕을 모셔서 수행에 방해되는 것들로부터 자신을 지키기 위해서이다. 그렇게 하면 수행할 때 아무런 방해를 받지 않고 수행할 수 있기 때문이다. 절에 사천왕을 모시는 이유도 그 때문이다. 또한 돌탑 너머로는 신경을 쓰지 않겠다는 의미도 포함 되어 있다. 한편 돌로 탑을 쌓기 힘든 장소에서 수행을 할 경우에는 사방의 벽을 돌탑과 같이 생각하여야 한다.

세 번째로 수행을 제대로 하기 위해서 불상, 경전, 탑 등을 잘 모셔야 한다. 티베트의 법당 안에는 불상, 경전, 탑 등이 모셔져 있는데, 불상은 말 그대로 불·보살을 의미하고, 경전은 부처님이나 보살들의 말씀을 의미하며, 탑은 부처님이나 보살들의 마음을 의미한다. 이렇게 법당에 불상, 경전, 탑 등을 모실 때에는 법에 따라 모셔야 한다. 어떤 이들은 자신이 믿고 있는 신들이 부처님이나 보살들보다도 더 도움이 된다고 생각하여 그 신들을 부처님이나 보살들보다 중요하게 여겨 높은 곳에 모시는 경우가 있는데, 이는 부처님의 바른 가르침을 모르기 때문이다.

또 어떤 이들은 불상의 모양이나 재질에 따라서 어떤 것은 소중하고 어떤 것은 그렇지 않다고 생각하여 마치 재물과 같이 생각하는데, 아주 잘못된 생각이다. 또한 어떤 이들은 새로이 불상을 조성하고서는 옛날에 있던 불상을 더 이상 쓸모없다고 버리는 경우가 있는데, 이것은 자신의 복을 버리는 것과 같은 짓이다.

또 불상이나 경전 등을 바닥에 놓거나, 그 위를 넘어가거나, 그 앞에서 누워서도 안 된다. 또한 불상들을 자주 찾아 뵙고 공경해야 하며, 이전에 많이 보아서 자세히 알고 있으므로 이제 볼 필요가 없다고 생각해서도 안 된다. 왜냐하면 자주 뵙게 되면 그만큼 부처님이나 보살들과의 인연이 깊어지기 때문이다. 법화경에 보면, 화가 날 때에도 부처님을 뵙게 되면 나중에 여러 부처님과의 인연이 될 수 있다고 나와 있다. 화가 날 때에 부처님을 뵌 것도 큰 공덕이 되는데, 존경하는 마음으로 뵙게 되면 더욱더 큰 공덕이 생기게 된다.

사리자가 부처님 곁에서 떨어지지 않고 항상 머물게 된 것은 전생에 벽에 있는 부처님 그림을 뵙고 존경하였기 때문이다. 어느 전생에 사리자가 방 안에서 등불을 환하게 밝혀 놓고 신발을 수선하고 있을 때 피곤하여 벽을 보게 되었는데, 그 벽에는 부처님이 그려져 있었다. 그리고 이런 대단한 분을 직접 뵐 수 있으면 얼마나 좋을까 하는 생각을 자주하게 되었다. 그런 공덕으로 부처님 곁에서 항상 머물 수 있게 되었던 것이다. 그렇기 때문에 우리도 불상이나 탱화의 부처님이나 보살들을 실제 부처님이나 보살들처럼 생각하여 자주 찾아뵈어야 한다.

(2) 수행의 기본

공양

공양을 올릴 때 못된 마음으로 그릇된 공양을 올려서는 안 된다. 그릇된 공양물은 그릇된 방법으로 구한 것이기 때문이다.

출가한 이들은 공양주나 신도에게 아부해서 얻은 것들로 부처님께 공양을 올려서도 안 된다. 또 공양주나 신도에게 말하기를 "작년에 주신 차(茶) 정말 맛있게 먹었다." 든가 "지금 녹차가 많다. 그렇지만 유자차가 떨어졌다."는 식으로 은연중에 시주를 암시함으로써 얻은 것으로 공양해서도 안 된다. 오로지 공양주나 신도들의 진심에서 우러나온 공양물만을 올려야 한다.

공양주나 신도들에게 조그만 선물을 하고 나서 나중에 큰 것을 얻은 다음 부처님께 공양해서도 안 된다.

공양주나 신도들이 다른 곳에 보시하고자 하는 것을 자신이 있는 곳으로 유도해서도 안 되며, 자신한테 이런 보시를 했기 때문에 이 신도는 착하다고 하는 식으로 다른 신도들을 강요하여 얻은 것으로 부처님께 공양해서는 안 된다.

혼자일 때에는 제멋대로 행동하면서, 대중들 앞에서는 근엄한 행동을 하여 얻은 것들로 부처님께 공양해서도 안 된다. 이렇게 계를 하찮게 여기는 마음으로 얻은 것들로 부처님께 공양하면 공덕은커녕 악업만 불어나게 된다.

속가의 사람일지라도 다른 이를 속여서 얻은 돈, 도둑질로 얻은 돈, 매우 나쁜 일로 얻은 돈으로 공양을 해서는 안 된다. 공양 올리는 이유는 부처님이나 보살들을 기쁘게 하기 위해서인데, 좋지 않은 것들로 공양을 올리게 되면 부처님과 보살들이 어떻게 기뻐할 수 있겠는가.

부처님께 공양을 올릴 때, 다른 이들이 자신을

대단하다고 말해 주기를 바라거나, 아름답고 착하게 봐 주기를 바라거나, 참 좋은 일이라고 말하기를 바라는 마음으로 부처님께 공양해서는 안 된다. 요즘 우리들 대부분이 이런 잘못된 마음으로 공양을 올리는 것 같다. 그러한 것들보다는 조금 나을지 모르나 오래 살기를 바라거나, 병이 낫기를 바라는 등 자신만을 위하는 생각으로 공양을 올리는 것도 공덕이 될 수 없다.

옛날에 벤군게라는 수행자는 어떤 공양주가 찾아오자 부처님께 온갖 정성을 다하였다. 그리고 난 후 그런 행동을 하게 된 자신의 마음을 살펴보니 그 정성이 모두 공양주에게 보여 주기 위한 것임을 알게 되었다. 그는 정성을 다하여 차린 것에다 흙을 뿌리면서 스스로에게 "비구, 만들지 마라. 그대로 있어라." 하고 외쳤다.

벤군게의 그러한 행동을 인도의 한 유명한 수

행자가 듣고는, 티베트에서 올리는 공양 중에 벤군게의 공양이 최고라고 말했는데, 남에게 보여 주기 위하여 만들어 올렸던 공양이 잘못된 것이라고 깨달아 그것을 당장 고쳤기 때문이다.

이렇게 자기만 잘 살고, 다음에 좋은 곳에 태어나게 해 달라고 공양해서는 안 되며, 일체 중생이 깨달을 수 있기를 바라는 자비심으로 공양해야 한다.

공양을 올릴 때는 최고의 정성을 기울여 아름답게 차려야 한다. 어떤 이들은 공양을 올릴 때 양만을 중시하여 순서 없이 차려도 된다고 생각하는데, 그렇게 해서는 안 된다. 공양 올릴 때 모양을 아름답게 하면 그 공덕으로 다음 생에는 예쁘게 태어나게 된다.

공양을 올릴 때에는 자신이 직접 해야 한다. 제자나 하인 그 밖의 다른 이에게 시키면 그 공덕은 바로 공양을 올린 사람에게 가게 된다.

아티샤가 나이가 많이 들어 손을 떨면서 공양을 올리자 이를 본 제자들이 힘드시니까 저희가 대신 올리겠다고 하였더니, 아티샤는 말씀하기를 "밥 먹을 때도 힘든다고 너희가 나 대신 먹겠느냐?"고 하였다.

옛날에 인도의 큰 왕들도 보시를 할 때에 신하를 시키지 않고 자신의 손으로 직접 하였다. 그러므로 공양을 올리거나 보시를 할 때 남을 시키지 않고 자신의 손으로 직접 하는 것이 중요하다.

공양을 올릴 때 그 공양물 중에 좋은 것은 자기가 먹고, 나쁜 것을 올리는 것은 마치 자기 복을 스스로 내팽개치는 것과 같다. 아주 가난한 사람이나 산에서 수행하는 사람일지라도 자신에게는 공양을 올릴 물건이 없다고 하여 걱정할 필요는 없다. 믿음만 있으면 공양 올릴 것은 많다. 아름다운 꽃이나 나무의 열매나 시원한 물 등. 그렇다고 아름다운 꽃이나 나무의 열매나 시원한 물 등으로만 공양하면 된다고 생각하여, 귀중한 것이 많이 있으면서도 아깝게 생각하여 올리지 않게 되면 나중에 아귀로 태어나는 과보를 받게 된다.

그러나 출가한 이들의 으뜸가는 공양은 수행을 잘 하고 계율을 잘 지키는 것이다. 하지만 다른 공양을 올리지 않으면 내생에 공양을 올릴 수 있는 공덕을 쌓을 수 없다. 아주 작은 향이라도 올리면 그만큼의 공덕이 있으며, 나중에는 그 보다 더 많은 공양을 올리게 되는 공덕이 있게 된다.

명상

명상할 때의 앉는 방법에는 일곱 가지가 있다. 방석에 앉을 때는 뒤는 조금 높고 앞은 조금 낮게 하여야 한다. 방석 밑에는 석회로 만(卍)자를 그리되 오른쪽으로 돌게 하여야 한다. 왜냐 하면 부처님께서 부다가야에서 깨달음을 얻었을 때 방석 밑에 금강좌가 있었는데, 그것을 기억하기 위해서이다. 그 금강좌는 부처님을 상징하는 것이어서 우리가 깔고 앉으면 안 되므로 만자로 대신 하는 것이다.

또 앉은 자리 앞에는 람바라는 풀과 꾸샤라는 풀의 머리를 나란히 앞쪽 방향으로 놓아야 한다. 그것은 부처님께서 부다가야에서 어떤 사람에게 람바라는 풀을 얻어 방석으로 깔고 앉아서 깨달음을 얻었기 때문에 이를 기억하기 위해서이다. 람바라는 풀을 놓는 데는 장수의 의미가 있으므로, 밑에 깔게 되면 오래 살게 되는 과보를 얻을 수도 있다. 꾸샤라는 풀을 놓는 데는 더러운 것을 없애는 의미가 있다. 옛날 인도의 수행자들은 몸에 더러운 것들이 생길 때, 꾸샤가 많은 곳에서 하루를 지내며 몸을 깨끗이 하였다 한다.

명상을 하기 위해서 자리에 앉을 때는 가부좌

로 앉아야 하는데, 오른 손등이 아래로 가게 양 손을 가지런히 포개고 엄지손가락은 맞닿게 하여 배꼽에 닿게 해야 한다. 등은 곧추세워 등뼈가 굽어지지 않게 해야 한다. 혀끝은 윗니 안쪽 잇몸에 살짝 붙여야 하는데, 목이 마르지 않게 하기 위해서이다. 또 깊이 명상하게 될 때 침이 밖으로 흐르지 않게 하기 위한 방법이기도하다.

머리는 몸 앞쪽으로 조금 숙인 상태여야 하며, 눈은 반쯤 감은 상태에서 자연스럽게 코끝을 볼 수 있도록 해야 하는데, 이것은 혼침(昏沈: 마음이 무겁게 가라앉아서 집중을 할 수가 없는 상태)과 도거(掉擧: 마음이 가볍게 흔들려서 집중할 수가 없는 상태)를 없애기 위해서다. 어떤 이들은 명상할 때 눈을 깜빡거리는 경우가 있는데 그렇게 해서는 안 된다. 어깨도 긴장을 푼 상태에서 바르게 해야 한다. 이것을 비로자나 칠법이라고 한다.

수행할 때는 '무엇 때문에' 라는 동기가 매우

중요하다. 아티샤께서도 "뿌리에 독이 있으면 가지와 잎도 마찬가지로 독이 들어 있으며, 뿌리가 약이면 가지와 잎도 마찬가지로 약이다. 이처럼 뿌리에 탐·진·치의 삼독이 들어 있으면 무엇을 하더라도 죄가 되므로 어떤 수행을 하더라도 그런 마음으로 하면 좋지 않은 열매가 생기는 것이다"하고 말씀하셨다.

동기

좋은 동기를 지니면 살생을 하더라도 복이 생길 수 있다. 부처님께서 어느 전생에 한 배의 선장이었는데, 상인 오백 명을 태우고 항해를 하는 도중에 나퉁이라는 사람이 오백 명의 상인을 죽이려고 하는 것을 알게 되었다. 이에 부처님께서는 한편으로는 오백 명의 상인을 구하고 또 한편으로는 그 사람이 지옥에 가게 되는 죄를 범하는 것을 막기 위해서 나퉁이라는 사람을 죽였다. 이런 공덕으로 사만 겁의 기간에 걸쳐야 얻을 수 있는 공덕을 그때 얻게 되었다. 이 공덕은 살생 때문에 얻은 것이 아니며, 그 마음의 동기 때문에 얻은 것이다. 이렇게 동기에 따라 같은 행동이어도 다른 결과를 맺는다. 수행할 때만 좋은 동기를 지니고 있어야 하는 것이 아니라 평상시에도 항상 좋은 동기를 마음에 지니고 있어야 한다. 요즘 우리들은 "건강 하십니까?" 하고 물어 보지만, 아티샤께서는 "친절한 마음을 가지고 있느냐?" 하고 물었다.

동기에 따라 공덕은 달라진다. 예를 들어 네 명의 사람이 똑같이 기도를 하는데, 한 명은 일체 중생이 다 깨달음을 얻게 해 달라는 자비심으로 기도하고, 또 한 명은 초발심으로 기도하고, 또 한 명은 삼악도에 나지 않기 위해 기도하고, 또 한 명은 이번 생의 행복을 위해서 기도를 한다고 하자. 지극히 당연하게도 결과는 큰 차이를 보이게 된다.

사랑은 받아들이는 과정입니다.
사랑은 상대방을 바꾸려고 하지 않습니다.
있는 그대로 받아들이고 그들 자체가 좋은 것입니다.
사랑은 지친 영혼을 고양합니다.
사랑은 상대방의 가치와 위엄을 보호합니다.
사랑은 스스로 깨닫게 도와줍니다.
사랑은 상대방의 가능성을 친절하게 키워 줍니다.
사랑은 이해하는 마음, 들어주는 귀, 격려하는 말,
평화로운 환경입니다.
저항, 야단, 잔소리 다 내려놓으세요.
있는 그대로 괜찮다는 것을,
이미 잘 하고 있다는 것을 알게 해 주세요.
이것이 바로 상대방이 절실히 필요한 것입니다.
사랑은 과정입니다.
계속 내려놓고 알아차리고 베푸는 과정입니다.
-달라이라마 존자

Love is a process of acceptance.
Love does not try to change others.
Love accepts others just the way they are,
and likes them for who they are.
Love uplifts the weary soul.
Love protects the value and dignity of others.
Love encourages self realization.
Love supports the potential of others with kindness.
Love is an understanding heart, a listening ear,
an encouraging word, and peaceful environment.
Resistance, fussing, and nitpicking; let it all go.
Make them feel that they are doing good,
and they're OK just the way they are.
This is what they really need.
Love is a process of constant giving, awareness,
and letting go. -Dalai lama

(3) 깨달음으로 향하는 이의 일곱 가지 디딤돌

깨달음에 이르기 위한 공덕 쌓기에는 일곱 가지가 있는데, 그 첫째는 예배하는 것이다. 예배에는 몸으로 하는 것, 입으로 하는 것, 뜻으로 하는 것이 있다. 시작도 없는 전생부터 계속되어 온 여러 가지 몸들을 다 인간의 몸으로 생각하면서, 시작도 없는 전생으로부터 지어온 죄를 참회하고, 아주 작은 티끌 속에도 부처님이 계신다는 생각으로 예배를 하면 그 만큼의 공덕이 생겨난다. 한 티끌 속에 어떻게 부처님께서 계실 수가 있느냐고 할지도 모르지만, 보리 낱알 하나에 백 명의 시선이 모아지면 그 낱알 하나가 백 명의 시선을 동시에 갖고 있는 것과 같이 일체 중생들의 마음이 모아지면 한 티끌 속에도 계실 수가 있다. 부처님들께서는 모든 것을 다 알고 계시기 때문에 마음만 먹으면 모든 곳에 다 상주하실 수가 있는 것이다.

티베트에서는 두 가지 예배 방법이 있는데, 몸을 굽혀서 몸의 다섯 곳의 신체가 땅에 닿게 하는 예배와 몸을 펴서 전신이 땅에 닿게 하는 예배가 그것이다.

놀상이라는 사람은 부처님께 예배할 때, 마치 나무를 자르면 쓰러지는 것과 같이 자신을 아끼지 않고 예배를 드렸다. 그때 부처님께서 그 예배 방법이 좋다고 말씀하셨다. 이런 이유로 티베트에서도 자신의 옷이나 몸을 아끼지 않고 몸을 펴서 전신이 땅에 닿게 하는 예배를 드린다.

합장을 할 때는 손바닥을 딱 붙이면 안 된다. 왜냐하면 외도들이 기도할 때 합장하는 방법이기 때문이다. 그러므로 합장할 때는 반드시 엄지손가락을 마주 모아 합장한 손바닥 안으로 넣고 해야만 한다.

예배를 드릴 때는 두 손을 합장하여 정수리까

지 올렸다가 이마, 목, 가슴 순으로 내리며 예배를 드리는데, 그것은 부처님의 32가지 상(相) 중에서 가장 뛰어난 머리 위 정수리의 상투 모양과 이마에 나 있는 흰 털과 부처님의 목소리와 마지막으로 부처님의 마음과 같이 되기를 바라는 마음을 담은 것이다.

엎드려 손바닥을 땅에 댈 때에는 손바닥을 펴야 한다. 주먹을 쥐고 땅을 짚으면 소나 돼지와 같은 발을 지닌 동물로 태어나는 원인이 되기 때문이다. 일어설 때에는 빨리 일어서야 하는데, 윤회의 세계를 빨리 벗어날 수 있는 공덕을 쌓는 길이기 때문이다. 만약 이마를 땅에 대고 휴식을 취하며 빨리 일어서지 않으면, 뱀 등과 같이 가슴을 땅에 붙이고 다니는 동물로 태어나게 되는 원인이 된다. 예배를 드리는 것은 공덕을 쌓기 위한 것이므로 바른 자세여야 한다. 절을 많이 하거나 빨리 하는 것이 중요한 것이 아니라 정확하게 하는 것이 중요하다.

어떤 이들은 전에 많은 예배를 했다면서 계속하지 않기도 하는데 이는 잘못된 생각이다. 공덕을 쌓아 깨달음에 이르기 위한 것이 예배이므로, 깨달음에 이르는 순간까지 계속해야 한다. 우연한 기회에 불상이나 탑 등을 대하게 되었을 때 부처님께 예배한다는 마음으로 합장만 하여도 부처님께 예배를 드리는 것과 같은 공덕이 된다.

둘째는 공양을 올리는 것이다. 음식이나 꽃, 과일 등으로 공양을 올릴 때는 아까워하는 마음을 버리고 자신이 먹기 전에 먼저 공양을 올려야 한다. 왜냐 하면 그러한 동기로 인하여 이생에서는 깨달음을 얻지 못하더라도 내생에는 삼악도에 태어나지 않게 되는 원인을 만들어 깨달음에 이를 수 있기 때문이다.

부처님과 같이 특별한 분들을 위하여 공양을 올리게 되면 동기가 다소 좋지 않더라도 공덕을 얻을 수가 있다. 좋은 논에는 아무렇게 씨를 뿌려도 열매를 맺는 것처럼, 동기가 좋지 않더라도 깨달음을 얻은 특별한 분들을 위하여 공양을 올리게 되면 공덕을 얻을 수가 있는 것이다. 향을 피우거나 법당 안에 향기로운 것들을 뿌리는 것 등도 공덕을 얻을 공양이다. 그러나 최고의 공양은 계율을 잘 지키며 열심히 수행 하는 것이다.

셋째는 참회하는 것이다. 전생과 이생에서도 깨닫지 못하고 조금의 지혜마저 잃게 되는 것은 탐·진·치 삼독에 의한 죄 때문인데, 이런 것들을 싫어하여 없애고자 한다면 참회를 해야 한다. 현명한 이는 큰 죄를 지어도 그 과보가 작을 수 있으며, 어리석은 이는 조그만 죄를 지어도 큰 과보를 받을 수가 있는데, 그것은 참회를 아는 것과 모르는 것에 따른 차이 때문이다.

앙굴리말라가 999명의 사람을 죽이고도 아라한이 될 수 있었던 것은 깊이 뉘우치는 마음으로 참회를 했기 때문이다. 진실한 참회는 큰 죄도 가볍게 할 수 있으며, 작은 죄들은 더 불어나지 않게 한다. 참회하지 않으면 오늘 지은 죄가 다음 날은 두 배가 되고, 계속하여 불어나게 되는데, 조그만 죄일지라도 참회하지 않으면 큰 죄가 된다.

만약 우리가 작은 모기 한 마리를 죽이고 나서 참회하지 않으면, 15일 후에는 1만6천3백4만 마리나 죽인 것과 마찬가지의 과보를 받게 된다. 계속하여 참회를 하지 않으면 사람을 한 명 죽인 것과 같은 과보를 받게 될 수도 있다. 참회를 하지 않고 죄를 겁내지 않는 것은 인과에 대하여 믿지 않기 때문이다. 만약 인과를 믿게 되면 조그만 죄를 지어도 두렵게 여길 것이다.

위대한 스승 아티샤께서는 길을 걷다가 조그만 죄를 범해도 그 자리에서 바로 참회를 하셨다. 우리도 그렇게 해야만 한다. 우리들 대부분은 죄를 지으면서도 참회를 해야 할일이 있다고는 생각하지 않는다. 자신이 죄를 지었다는 사실조차도 모르기 때문이다. 아침에 일어나서부터 몸과 입과 마음으로 다른 이들에게 어떻게 죄를 지었는지 깊이 생각해 보면 자신이 어떻게 죄를 짓는지 알 수가 있으며, 그에 따라 참회를 하게 되면 삼악도에 떨어지는 일은 면할 수 있을 것이다.

파계하는 등의 큰 죄를 짓게 되면 지옥에 나게 되고, 중간의 죄를 범하면 아귀로 나게 되며, 작은 죄를 지으면 축생으로 나게 된다. 사람을 죽이고, 도둑질을 하고, 다른 이에게 욕을 하는 것 등은 큰 죄인데, 죄를 짓는 사람의 동기에 따라서 작은 죄로도 될 수가 있다. 화가 나서 욕을 할 때에 그 욕을 듣는 이가 깨우친 이거나 자기보다 공덕이 큰 사람이면 그것은 큰 죄가 된다.

죄지은 것을 겁내고만 있으면 자신에게 아무런

도움이 되지 않는다. 중요한 것은 죄를 짓지 않는 것인데 그러기 위해선 끊임없이 참회를 해야만 한다. 우리는 매일 저녁에 하루에 지은 죄를 생각하며 참회를 해야 한다. 이번 생의 고통들은 전생에 죄를 범했기 때문에 생긴 것이며, 다음 생의 고통들은 이번 생에서 범한 죄의 과보이기 때문이다. 전생에 자기가 지은 죄에 의하여 이번 생에 병이 나거나 어려운 일을 당하게 될 수도 있는데, 이런 것에서 벗어나려고 굿을 하는 등 옳지 못한 방법으로 기도를 하게 되면 과보를 없애기는 힘들다. 혹 없앤다 하더라도 그 과보는 다음 생에 언젠가는 받게 된다.

참회를 하게 되면 작은 죄들은 없앨 수가 있고, 큰 죄는 가볍게 만들 수가 있다. 또 삼악도에 태어나게 하는 죄들은 이번 생의 큰 병으로 대신할 수도 있게 된다. 보통 죄라는 것은 이로움이 하나도 없는 것이지만 참회를 하게 되면 더 큰 죄를 막게 하는 구실을 할 수 있다. 진심으로 참회를 하는 방법을 알게 되면 없애지 못할 죄는 하나도 없게 된다.

수행을 열심히 하는 사람들도 이생에 변고를 겪는 경우가 있는데, 그것은 다음 생에 받아야 할 것을 이생에 미리 받는 것이기 때문에 잘된 일이라고 생각해야 한다. 한편 죄인들이 오래 살고, 무슨 일이든 쉽게 풀리게 되는 것은 자신이 전생에 지은 공덕의 과보를 이번 생에 받는 것이며, 다음 생에는 고통의 한가운데에 머물게 될 것이다.

죄는 부처님과 같은 깨달음에 이른 분들에게 짓는 죄와 사바세계의 중생들에게 짓는 죄로 나눌 수 있는데, 참회를 하게 되면 자신이 지은 죄의 성질을 아는 힘을 얻을 수 있다. 후회를 하는 마음이 있으면 다음에 다시 죄를 짓지 않게 된다. 예를 들어 세 사람이 독이 든 음식을 같이 먹었는데, 한 명은 바로 죽고, 또 한 명은 죽어가고 있으며, 또 한 명은 아프게 되었다고 하자. 이 아프게 된 사람은 독을 제거하기 위해 여러 가지 방법을 찾을 것이며, 다시는 그런 음식을 먹지 않겠다고 결심하게 될 것이다. 이와 같이 참회는 다시는 죄를 짓지 않겠다는 결심을 낳게 만든다.

참회의 이로움을 알고 나서는 다음에 다시는 죄를 짓지 않겠다는 결심을 행동으로 옮겨야 한다. 만약 결심으로만 그치게 되면 시간이 지나면서 그 결심을 잊을 수도 있게 되는데 그것만으로도 죄가 되기 때문이다. 여래의 이름을 부르고 진언을 외우고 경을 읽고 공성空性에 대하여 수행하고 공양을 올리고 불사를 행하는 등 여섯 가지를 참회의 구체적 실천으로 삼아야 한다.

네 번째는 수희(隨喜: 모든 부처님과 보살들 그리고 중생들에 의한 선행을 기뻐하는 마음)를 하는 것이다. 수희란 보살행의 실천인데, 쉽지 않은 만큼 큰 공덕이 따른다. 옛날 보시를 즐겨 하는 한 왕이 부처님과 그 제자들에게 공양을 드리게 되었다. 그때 한 거지가 지나가다 그것을 보고, 참으로 기쁘게 생각하며 정말 착한 일이라고 마음속으로 수희하였다. 이를 아신 부처님께서는 거지의 그런 마음이야말로 왕이 공양을 올린 공덕보다도 더 크다고 말씀하셨다. 이렇게 큰 노력 없이 큰 공덕을 얻을 수 있는 것이 수희이다. 몸과 입을 사용하지 않고도 많은 공덕을 쌓을 수 있는 것이다.

수희는 다른 것과 비교하거나 질투하지 않고 일으키는 마음의 기쁨이어야 하므로, 비록 어떤 사람이 거짓으로 공양을 올린다 할지라도 그것을 비방해서는 안 된다. 다른 사람이 향 하나 피우는 것을 보고도 기뻐할 수 있어야 한다. 이렇게 수희를 하게 되면 직접 행한 사람이 얻은 공덕보다 더 큰 공덕을 얻게 된다. 이보다 더 큰 이로움이 어디 있겠는가? 죽을 때까지 열심히 수행하여도 보살들이 하루에 만드는 공덕에도 미칠 수 없으나, 수희를 하게 되면 반 정도는 얻을 수 있게 된다.

수희의 방법엔 두 가지가 있는데, 그 하나는 자신의 덕행에 대하여 수희하는 것이고, 다른 하나는 남의 덕행에 대하여 수희하는 것이다.

자기의 덕행에 대하여 수희하는 데는 두 가지가 있는데, 하나는 전생에 쌓은 덕행에 대하여 추측하여 수희하는 것이고, 다른 하나는 이생에 지은 덕행에 대하여 수희하는 것이다. 전생의 덕행을 추측하여 수희하는 것이란, 이생에 좋은 몸을 얻어 바른 종교를 믿고 공부하게 된 것들이, 자기가 전생에 계율을 잘 지키고, 보시를 즐겨 하고, 인욕의 수행을 했기 때문이라고 생각하는 것이다. 전생에 바른 행동을 했기 때문에 이생에 이렇게 좋은 몸을 얻게 된 것이므로 내생에도 좋은 몸을 얻기 위해서는 열심히 수행해야 한다.

기도를 하거나 보시를 하거나 공양을 올리거나 법문을 듣거나 계율을 지킬 때에도 항상 자만

하지 않고 수희해야 하는데, 만약 자만하게 된다면 공덕이 줄어들게 된다.

우리는 항상 자신의 재산에 대해서는 많은 계산을 한다. 하지만 자신의 덕행에 대해서는 계산하지 않는다. 덕행이야말로 좋은 곳에 태어나게 하거나 깨달음에 이르게 할 디딤돌인 것이다. 만약 죄만 짓다가 염라대왕 앞에서 큰 계산을 할 때가 되면 그때서야 '어떻게 하나' 하는 생각이 절로 나게 될 것이다.

남의 덕행에 대해서도 수희를 해야 한다. 원수일지라도 그의 덕행에 대해 수희하게 되면 그것에 의하여 새로운 공덕이 생기게 되기 때문이다. 이와 같이 남의 덕행에 대하여 수희를 하게 되면 새로운 공덕이 생기고, 자신의 덕행에 대하여 수희를 하게 되면 자신의 공덕을 늘리게 된다.

다섯째는 권청(勸請: 가르침 베풀어 주시기를 간청하는 것)을 하는 것이다. 부처님께서도 깨달으신 후

7주 동안은 가르침을 베풀지 않으셨다. 왜냐하면 사람들의 믿음과 권청에 의하여 가르침을 베풀어야 하기 때문이었다.

부처님께서는 브라흐마의 권청으로 다섯 비구에게 사성제(고苦·집集·멸滅·도道)에 대하여 설법하셨다. 그것이 최초의 설법이었다. 그러므로 브라흐마와 같이 권청을 하되, 자신의 몸이 수없이 많다고 생각하여 시방의 모든 부처님들께 가르침을 베풀어 주시기를 간청한다고 생각해야 한다.

여섯째는 부처님들이나 여러 보살들에게, 일체 중생을 위해 열반에 들지 말고 오래도록 세상에 머물러 주시기를 간청하는 것이다. 원래 부처님들께서는 모든 곳에 상주하시고, 그 가르침 또한 없어지지 않지만, 중생들의 복덕에 따라 세상에 나타내는 몸들은 없어질 수도 있으므로 열반에 들지 마시기를 기원해야 하는 것이다.

일곱째는 기원을 하는 것이다. 동기와 기원은 수행의 처음과 끝이다. 기원을 할 때에는 스스로의 공덕에 의지해야 한다. 그것은 자신의 공덕을 잃지 않게 하는 길이기도 하다. 또한 그 행위는 깨달음과 일체 중생을 위한 것이어야 한다. 특히 자신의 과보보다는 일체 중생들을 위하는 것이 더 중요하다.

덕행은 말과 같고, 기원은 말고삐와 같아서, 덕행이 있으면서도 기원하지 않으면 말을 갖고서도 고삐가 없어 말을 타지 못하는 것과 같다. 기원의 공덕은 깨달음의 밑거름이다. 한 방울의 물을 바다에 떨어뜨리면 바닷물이 다 없어지지 않는 한 그 물도 없어지지 않듯이, 공덕도 그와 같아서 모든 중생들이 깨달음을 얻을 때까지 없어지지 않는다.

이렇게 일곱 가지를 행하게 되면 한량없는 이로움이 생기게 된다. 예배를 하면 자만심이 없어지고, 공양을 올리면 아까워하는 마음이 없어지고, 참회를 하면 탐·진·치의 삼독이 없어지며, 수희를 행하면 질투심이 없어지고, 권청을 하면 바른 가르침에 대하여 지은 죄를 없애게 되고, 불보살들께서 오래도록 살기를 원하면 부처님들이나 스승에게 지은 죄가 없어지고, 기원을 하면 깨달음으로 나아가게 된다.

2) 스승을 찾는 방법

(1) 어떤 스승을 찾아야 하는가

인간의 몸을 고통의 바다를 건너는 배로 생각하라. 이런 귀한 배는 다시 얻기 힘들다. 어리석음에 빠져 귀한 시간을 잠으로 보내서는 안된다. 순간적인 행복에 끌려 귀한 시간을 허비하지 말고 죽는 순간까지 깨달음의 길을 찾아야만 하는 것이다. 그렇게 하지 않으면 다음에는 고통의 큰 바다를 건널 수 있는 배와 같은 인간의 몸을 얻기가 힘들게 된다. 그러므로 지금 인간의 몸을 얻었을 때, 영원한 깨달음의 길을 찾아야만 한다.

영원한 깨달음의 길을 찾으려면 인간의 몸이라는 배도 필요하지만, 노련한 선장과도 같은 스승 역시 필요하다. 그림이나 조각처럼 혼자서 배울 수 있는 일에도 스승이 필요하듯이, 깨달음의 길을 찾고자 하면 마땅히 스승이 필요하다. 어떤 이들은 스승 없이 경전만 보고도 공부할 수 있다고 생각하는데, 그것은 잘못된 생각이다. 반드시 훌륭한 스승을 찾아야 한다. 모르는 곳을 방문할 때에도 안내자가 필요한데 깨달음의 길로 나아가는 데 있어 스승이 필요하다는 것은 두말 할 나위 없다. 깨달음의 길을 보여 주는 스승과 열심히 찾는 제자가 만나게 되면 길은 보다 쉽게 열리게 된다.

스승에게 공양을 올리는 것으로도 깨달음의 길에 가까워질 수 있다. 깨달음에 이르기 위해서는 무한한 복덕이 필요한데, 복덕을 쌓는 데 스승에게 공양을 올리는 것보다 나은 것은 없기 때문이다. 모든 스승들은 부처님을 대신하여 가르침을 베푼다. 이러한 스승을 잘 모시면 부처님들도 기쁘게 생각하실 것이다. 자식이 하나뿐인 어머니가 그 자식에 대한 사랑이 지극한 것처럼 부처님께서도 우리들이 빨리 윤회 세계에서 벗어나도록 도와주고 계시기 때문이다. 스승을 잘 모시지 않으면 부처님께 많은 공양을 올려도 아무 소용이 없다. 반대로 스승을 잘 모시게 되면 부처님께서는 스승의 몸에 나투시어 공양을 기쁘게 받으신다.

아티샤가 인도와 티베트에 많은 가르침을 베풀고 존경을 받게 된 것도 스승을 잘 모셨기 때문이다. 자신이 많은 이에게 도움이 될 수 있도록 깨우치는 것 또한 스승을 잘 모시는 것에 의해 결정된다. 스승을 잘 모신 공덕으로 다음 생에도 좋은 스승을 만날 수가 있으며, 좋은 가르침을 들을 수도 있게 된다. 스승은 이생과 다음 생까지 자신을 깨우쳐 주는 뿌리와 같다고 생각해야 한다. 아티샤는 152명의 스승을 모셨지만 기억하지 못하는 스승은 한 명도 없었다. 지금 우리는 자신의 스승들을 몇 명이나 기억하고 있을까.

스승을 모시는 데 있어서 차별을 두어서는 안 된다. 옛날에 제두캉바라는 유명한 스승은 열심히 수행을 하여도 공부에 진전이 없었다. 자세히 살펴보니 자신에게 글자를 깨우쳐 준 파계한 스승을 자신의 기억 속에서 지워버린 것이 원인이 되어 깨우치지 못했음을 알게 되었다. 이렇게 스승을 잘 모시지 않는 것은 큰 허물이다. 깨우치지도 못하게 되며, 다음 생에도 스승을 만나기 힘들게 되며, 가르침을 만나기도 힘들게 된다. 딴뜨라에 보면 스승을 무시하는 찰나의 생각만으로도 지옥에 나게 된다고 나와 있다.

어느 날 금강수 보살이, 스승에 대한 악견을 품으면 어디에 태어나게 되는지를 부처님께 물었다. 그러자 부처님께서는 신과 인간들뿐 아니라 모든 생명들이 두려워할 것이므로 물어보지 말라고 말씀하시면서도 조금만 가르쳐 줄 테니 용감한 마음으로 들으라고 말씀하셨다. 끝 없는 겁 동안 지옥에 태어나게 된다는 말씀이었는데, 신과 모든 중생들이 겁낼까 봐 자세히 가르치지는 않으셨다. 스승을 진심으로 존경하지 않는 사람과 같이 있거나, 그런 사람을 보는 것도 수행에 해롭다.

이생에 스승을 찾지 않으면 바른 법을 만나기 힘들며, 다음 생에도 좋은 스승을 만나기가 힘들다. 공부할 기회를 만날 수 없기 때문이다. 이생에 공부할 기회가 없고 공부가 잘 되지 않는 이들은, 전생에 스승을 찾지 않고 공경하지 않았기 때문이다.

향을 넣어두는 곳에 나무를 같이 넣어두면 나중에 그 나무에서도 향냄새가 나는 것과 같이, 훌륭한 스승을 찾게 되면 특별한 가르침을 받을 수가 있다. 소승불교와 대승불교, 또 딴뜨라까지 모두 다 알고 있는 스승을 찾지는 못하더라도, 선행을 먼저 생각하고, 다음 생을 생각하고, 남을 먼저 생각하는 스승을 만나야만 한다. 그런 스승을 만나지 못하면 앙굴리말라의 스승처럼 나쁜 길을 보여 주며 큰 죄를 짓게 만드는 것이다.

(2) 스승에게 어떻게 배워야 하는가

① 스승을 부처님과 똑같이 생각하라

스승을 부처님과 똑같이 생각하는 것은 힘들지만 그렇게 생각하지 않으면 정확한 가르침을 받기가 힘들다. 쉽게 깨우치거나 어렵게 깨우치는 것은 스승에 대한 믿음에 따라서 달라지는 것이다.

옛날에 한 할머니는 개 이빨을 부처님의 사리로 알고 소중히 여겼는데, 그 개 이빨이 진짜 부처님의 사리로 변했다. 이와 같이 스승에 대한 믿음에 따라서 수행의 결과는 달라진다.

요즘은 스승에 대한 믿음이 약하기 때문에 깨우치는 사람 역시 적다. 만약 부처님을 직접 보게 되었더라도 믿음이 없으면 가르침을 받을 수가 없다. 데바닷다가 부처님과 같이 있으면서도 부처님의 가르침을 하나도 배우지 못한 것과 같은 이치이다.

우리는 오랫동안 길들여진 나쁜 습관 때문에 스승의 결점에 대해서만 크게 보므로 부처님처럼 생각하지 못하게 된다. 예를 들어 달이 밝으면 밤하늘의 별이 보이지 않는 것처럼 믿음이 깊으면 스승의 결점을 보는 마음은 저절로 사라지게 된다. 스승의 결점을 보게 될 때는 자신의 믿음이 부족한 때문이라고 여겨야 한다. 스승에 대한 믿음을 갖지 못하면 영원히 스승을 찾기는 힘들게 되며, 부처님도 영원히 만날 수 없게 된다.

부처님께서는 중생에 따라 알맞은 도움을 주기 위하여 여러 가지 모습으로 나타나시는데, 동물이나 귀신의 모습으로도 나타나신다. 인간의 모습으로 나타나신 부처님의 모습도 알아보지 못하면서 동물이나 귀신 등으로 나타나시면 어떻게 알아볼 수가 있겠는가?

맛있는 음식이 있어도 먹지 않으면 배가 부르지 않듯이 부처님 축복도 스승을 통하지 않으

면 얻을 수가 없다. 모든 부처님들께서도 스승
에 의지하여 부처가 되셨으므로 스승들을 부처
님과 같이 생각하지 않으면 안 된다.

② 스승의 은혜를 생각하며 항상 존경하라

오늘도 부처님은 부처가 되겠다고 발심한 중생
들을 돕고 계신다. 직접 볼 수 없다고 그 사실
을 의심해서는 안 된다. 지금 우리가 보는 것
은 업식(業識)에 의한 것이므로 남이 보는 것과
같다. 예를 들어 아귀들은 물을 보아도 고름으
로 여긴다. 제자가 게으르면 스승이 열심히 수
행하는 것은 알지 못하여 결점만을 보게 된다.
그러나 스스로 마음을 바르게 다스려 스승을
믿는 마음을 깊게 하면 스승의 은혜는 부처님
보다도 더 큰 것이 될 것이다. 비록 부처님 생
전에 가르침을 받지 못했으나 이생에 스승을
만나 비로소 부처님의 가르침을 받게 되었기
때문이다.

의사가 몸의 병을 치료해 주는 것과 같이 이생의 모든 행을 다음 생의 선근으로 바꾸어 주고, 이생의 행복과 덕행을 다음 생에 좋은 곳에 태어나 깨달음을 얻을 수 있는 원인으로 바꿔 주는 스승들을 어떻게 은혜롭게 생각하지 않을 것인가. 우리가 지금 인간으로 태어나 원하는 것을 얻을 수 있고 수행할 수 있는 것은 전생에 계율을 잘 지키고 보시를 즐겨 한 결과이다. 이런 좋은 열매를 얻을 수 있게 만드신 분이 바로 오랜 생에 걸친 스승들인 것이다.

이렇게 자신이 지닌 모든 좋은 점들은 모두 스승들의 은혜로 인함인데, 요즘 대부분의 사람들은 자신이 대단하기 때문이라고 잘못 생각하고 있는 것 같다. 다음 생에도 좋은 스승을 만나서 깨달음을 얻기 위해서는 이생에 자신의 스승들을 부처님과 같이 생각하여 그 은혜를 마음속에 깊이 간직하고, 스승들을 대할 때마다 존경심을 갖고 그 말씀에 따라 부지런히 수행해야 한다. 기도할 때도 깨달음의 뿌리인 좋은 스승을 만나게 해 달라는 지극한 마음을 내어야 한다.

3) 쉴 때도 항상 마음을 살펴야 한다

수행을 하는 시간보다 쉴 때가 더 중요하다. 쉬는 시간에 마음대로 행동하거나, 의미 없는 일을 하거나, 삼독심을 일으키는 책을 읽거나 하면, 수행을 할 때나 공부를 할 때 집중할 수 없다. 또 몸으로 짓는 업, 말로 짓는 업, 마음으로 짓는 업 이 세 가지를 항상 생각하여 스스로 경계해야 한다. 집을 지키는 데 소홀함이 없으면 도둑이 들어올 수 없는 것과 같이 신(身), 구(口), 의(意)의 세 문을 잘 지키면 나쁜 죄들이 들어올 수 없게 된다. "여러 사람과 같이 있을 때는 자신의 입을 살피고, 혼자 있을 때는 자신의 마음을 살피라."고 아티샤가 말씀하셨다. 우리는 자신을 잘 살피지 않기 때문에 마음이 산란해져 일상생활을 하면서 죄인 줄도 모르고 죄를 짓게 된다.

여기저기 다닐 때에도 쓸데없는 생각을 하지 않고 인과에 대하여 생각하게 되면 깨달음에 이를 수 있다. 옛날에 한 수행자는 인과에 대하여 골똘히 생각하다가 개미가 벌레를 무는 것을 보고 인과에 대하여 깨우치게 되었다. 이렇게 마음을 자세히 살피면 무상한 세계의 실상을 여실히 보게 된다. 이렇듯 마음을 자세히 살피면 보이는 것 모두가 자신을 가르치는 스승이 된다.

마음을 자세히 살피지 않고 저잣거리를 돌아다니거나 망념에 사로잡히면 한 걸음 옮길 때마다 하나의 죄가 생겨나서 끝내는 무거운 죄업을 짊어질 수밖에 없게 된다. 이렇게 쉬는 시간에도 항상 마음을 살펴서 악업을 짓지 않도록 노력해야만 한다.

자비가 없는 불법수행은
결코 열매를 맺지 못한다.
아니, 자비 없이는
그대들의 불교수행은
오히려 썩어들어갈 것이니
꼭 명심하여라.

-파드마 삼바바(아미타불의 화신)

2. 올바른 수행방법을 찾은 후 마음을 변화시키는 방법

스승을 찾고 난 후 마음을 변화시키는 방법에는 두 가지가 있다. 그 하나는 인간의 몸을 받았다는 것은 드물게 귀한 일임을 아는 것이고, 둘째는 인간으로서 의미 있는 일을 어떻게 할 것인가를 아는 것이다.

1) 인간으로 태어나기가 힘듦을 알아야 한다

우리는 매일 쓸데없는 일이나 쓸데없는 말을 하는 데 많은 시간을 낭비하면서도 아까운 줄을 모른다. 인간으로 태어나기가 매우 힘들다는 것을 알지 못하기 때문이다. 만약 그것을 알게 된다면 헛되이 시간을 보내는 일은 없을 것이다. 그러므로 우리는 귀한 인간으로 태어났다는 사실을 한시라도 잊어서는 안 된다.

수행할 수 있는 여덟 가지의 조건(팔유가八有暇)

자신이 지금 지옥에 태어났다고 상상해 보라. 활활 타오르는 지옥불에 시달리며 마치 달궈진 냄비 속에서 고통 받는 쥐와 같다고 생각해 보라. 그런 곳에서 어찌 수행을 할 수 있겠는가. 따라서 우리는 인간의 몸 받아 태어났음을 감사하고 또 감사하여야 한다.

아귀로 태어나면 굶주림의 고통으로 인하여 수행을 할 수가 없다. 그런데 우리는 사람의 몸을 받고서도 조금만 목마르고 배가 고파도 마실 것과 먹을 것부터 구한다. 어찌 제대로 수행을 할 것인가.

축생으로 태어나면 난폭함과 무지 때문에 수행을 할 수 없다. 개나 소에게 '한 분의 부처님의 이름만 들어도 깨달을 수 있다'고 아무리 소리쳐도 소용이 없다. 이렇게 우리는 축생으로 태어나지 않았기 때문에 수행을 할 수 있는 것이다. 그러므로 우리는 개나 소를 볼 때도 그냥 아무 생각 없이 볼 게 아니라, 개나 소로 태어나지 않게 된 것을 매우 기쁘게 생각하면서 보아야 한다.

오래 사는 신으로 태어나게 되면, 신으로 태어났다는 느낌과 죽을 때 다른 곳에 태어난다는 느낌, 이 두 가지 밖에 느낄 수 없기 때문에 마치 잠을 자는 것과 같다. 또한 기쁨에만 마음이 끌려 의미 있는 일은 하나도 못 하고 죽게 된다. 이렇게 오래 사는 신으로 태어나도 역시 수행하기는 힘든 것이다.

옛날 사리자의 제자 중 한 사람은 코끼리를 타고 가다가도 스승을 만나면 급히 뛰어내려 공손하게 예배를 하였는데, 후에 죽어서 천상에 나게 되었다. 그때 사리자가 법문을 하러 천상으로 갔다가 그 제자를 만나게 되었는데, 그 제자는 기쁨에 취해 스승을 보고도 손만 들어 아는 체를 했다. 이와 같이 천상에 나게 되면 기쁨에만 집착하기 때문에 수행하기가 매우 힘들게 된다. 한편 천상에도 신의 북과 신통한 새, 법음 등은 있지만 스승에 의지하여 배우거나, 스승의 자세한 가르침은 받을 수 없다. 이와 같이 삼악도뿐 아니라 천상에 태어나도 수행할 수 없다. 부처님의 가르침이 없는 땅에 태어나게 되어도 역시 수행은 할 수가 없다. 그러므로 우리는 그런 곳에 태어나지 않은 것을 항상 기쁘게 생각하고 감사해야 한다.

깨달음의 길에 가장 큰 장애는 악견(惡見)인데, 악견을 지니게 되면 수행하기가 매우 어렵다. 그러므로 설사 인간으로 태어났다 할지라도 부처님의 가르침이 없는 땅에 태어나거나, 부처님이 계셨는지도 모르는 시대에 태어나거나, 가르침을 들어도 이해할 수가 없는 백치로 태어나거나, 악견을 지니게 되거나 하는 이 네가지 상태에 머물게 되면 바른 수행을 할 수 없다. 인간으로 태어났지만 인간으로 태어나지 않은 것과 마찬가지인 것이다.

우리는 항상 이 여덟 가지의 상태로 태어나지 않은 것을 매우 기쁘게 생각해야 한다.

다음 생의 일을 만들 수 있는 특성(십구족+具足)

인간으로 태어난 우리는 부처님의 가르침이 있는 곳에 태어나 그 가르침을 이해할 수 있는 능력을 지니고 있고, 또 태어날 때 육근(안眼·이耳·비鼻·설舌·신身·의意)을 다 지니고 태어났으며, 가르침을 배울 수 있는 능력을 갖추고 태어났다. 또 부처님께서 나투시어 가르침을 설하셨으며, 지금까지 전해져 왔고, 부처님을 대신하는 위대한 스승들의 가르침을 받으며, 좋은 환경에 귀한 인간의 몸으로 태어나는 복을 얻었다.

이렇게 우리는 십구족(十具足)을 갖춘 인간의 몸으로 태어났기 때문에 깨달음의 세계로 나아

갈 수 있으며, 다음 생에 인간의 몸으로 태어나 수행할 수 있는 좋은 인연을 만난 것이다.

2) 귀한 인간의 몸은 내생에 다시 얻기 힘듦을 알아야 한다

① 인간의 몸은 내생에 다시 얻기 힘듦을 알아야 한다

귀한 몸을 이생에는 얻었지만 다음 생에 다시 얻을 수 있을지는 모른다. 만약 자주 얻을 수 있다면 이생에 의미 있는 일을 하지 않더라도 다음 생에 하면 되겠지만, 이번에 받은 몸은 여러 가지 원인과 공덕과 기원의 힘으로 얻은 것이므로 다음에 다시 얻기는 힘들다.

삼선취(三善趣)에 태어나려면 계율을 잘 지켜야 한다. 보시를 하면서도 계율을 지키지 않으면 축생으로 태어나게 되며, 계율은 지키나 보시하지 않으면 가난하게 태어나는 것과 같이 사람의 몸 받기란 여간 어려운 일이 아니다. 그러므로 항상 자신의 행동을 자세히 살펴야 한다. 그래야만 헛된 탐욕과 집착에서 벗어날 수 있으며 죄를 짓지 않게 되는 것이다.

그러기 위해서는 바르게 행동하는 법을 알아야만 한다. 봄에 씨앗을 뿌렸다 할지라도 그 씨가 상한 것이라면 가을에 수확할 수 없기 때문이다. 나쁜 동기로 지은 죄 하나 때문에 수억 겁 동안 지옥에서 고통 받을 수도 있으며 다시 삼선취에 태어날 희망은 사라지게 된다.

어떤 사람들은 삼보에 귀의하는 것만으로도 삼악취에 태어나지 않을 것이라고 생각한다. 그러나 그것은 잘못된 생각이다. 실천 없는 귀의만으로 삼선취에 태어날 수 없기 때문이다. 또 어떤 이들은 이생에서 깨달음을 얻기란 어려우므로 다음 생을 기약하기도 하는데 그 또한 잘못된 생각이다. 이생의 행복을 바라는 마음 없이 기도하기란 쉬운 일이 아니다. 하지만 오래 살면서 하는 일이 잘 되기만을 바라는 기도로는 다음 생에 인간의 몸 받기를 기약하기 어렵다. 참된 기도란 바른 법을 바르게 행할 수 있는 힘을 기르는 것이어야 한다.

인간으로 태어나지 않으면 다음 생에 삼악도에 태어나게 되고, 삼악도에 나게 되면 다시 또 삼악도에 나게 되는 일만을 반복하게 된다. 깨달음을 얻는 것보다도 삼악도에서 인간으로 태어나는 것이 더 힘든 것이다.

② 다음 생에 사람 몸 받기 위해서 해야할 일

다음 생에 좋은 곳에 태어나는 것도 지금 귀한 몸을 얻었기 때문에 가능한 것이다. 계율을 잘 지키고 널리 보시하면 다음 생에 좋은 곳에 태어날 뿐 아니라 많은 재물도 얻을 수 있게 된다. 또한 인욕은 다음 생에 좋은 친지를 얻고 훌륭한 용모를 지니게 하는 공덕을 낳는다. 그럼에도 불구하고 우리는 자주 계율을 어기고 인색하며 아무 때나 화를 내는 등 다음 생에 귀한 몸으로 태어날 기회를 걷어차 버린다. 이 얼마나 안타까운 일인가.

흔히 사람들은 천상에 태어나게 해 달라고 기원하지만 천상에 있는 신들은 오히려 인간으로 태어나기를 바란다. 왜냐 하면 인간으로 태어나야만 깨달음에 이를 수 있는 길을 찾을 수 있기 때문이다. 그러므로 귀한 몸 얻은 것을 아주 소중하게 생각해야 한다. 이런 몸을 얻고서도 바르게 수행하지 못하면 거지가 보석을 얻고서도 사용하지 않고 있다가 잃어버리는 것과 같이 어리석은 일이다.

③ 부처님의 가르침을 만나기 힘듦을 알아야
   한다

선행보다는 악행을 하기가 쉽기 때문에 삼악도

에 태어나는 것은 매우 쉽다. 하지만 삼악도에서 삼선취로 태어나는 것은 지극히 어렵다. 부처님께서 말씀하시기를 삼선취에서 삼악도로, 삼악도에서 삼악도로 태어나는 것은 큰 흙덩어리의 먼지만큼이나 많고, 삼악도에서 삼선취로, 삼선취에서 삼선취로 태어나는 것은 손톱 위의 먼지만큼이나 적다고 하셨다.

원래 육도 중에서 인간의 수는 매우 적다. 또 지옥보다 아귀가 적고, 아귀보다는 축생이 적다. 좁은 곳에 수많은 벌레가 있는 것처럼 바르도에도 영혼의 수는 매우 많다. 소가 한 마리 죽으면 수많은 벌레가 생기며, 백 마리가 죽으면 더 많은 벌레가 생기는 것처럼 바르도에 있는 영혼의 수 역시 이와 같이 많다.

인간으로 태어나게 되는 경우에도 부처님께서 나투시는 밝은 겁에 태어나는 경우는 매우 적다. 어두운 겁이 수없이 많이 지나고 나면 부처님께서 나투시는 밝은 겁이 하나 나타난다.

또 겁들 하나하나에는 있는 겁(활동하는 기간), 없어지는 겁(소멸하는 기간), 없는 겁(없는 기간)이 있으며, 있는 겁·없어지는 겁·없는 겁이 각각 한 겁의 삼분의 일씩이다. 이 있는 겁 20개와 중간 겁 80개가 같고, 80개의 중간 겁 중에서 중간 겁의 20개가 3개일 때 즉, 중간 겁의 처음 60개 동안의 기간에는 부처님께서 나타나시지 않으시고 인간의 수명도 무량하며, 나머지 20개의 중간 겁이 시작할 때까지는 인간의 수명이 무량하지만 그 이후로는 수명이 점차 줄어들게 되고 이때에 부처님께서 나투시는 것이다.

지금 우리는 부처님께서 나투시어 그 가르침이 있을 때 태어났다. 그러나 지역에 따라서 부처님의 가르침이 없는 곳도 있는데, 지금 우리는 가르침이 살아 있는 곳에 태어났으니 얼마나 다행한 일인가.

그러므로 지금 이곳에서 잘못 하면 내생, 그

다음 내생들의 일들이 모두가 잘못될 것이라고 알아야 하며, 지금까지 죽지 않고 살아 있다는 것을 기쁘게 생각해야 한다. 따라서, 밤낮없이 열심히 바른 가르침을 배우지 않으면 다시 삼악도로 돌아갈 수 밖에 없다는 사실을 명심해야한다.

보석이 많은 나라에 가서 보석은 찾지 않고 놀다가 돌아와서는 이 사람 저 사람에게 돈을 빌려 쓰면 모두가 그 사람을 미쳤다고 할 것이다. 이와 같이 깨달음의 보석을 자기 손으로 얻을 수 있을 때 얻지 않고 다시 지옥에 태어나는 원인을 만드는 것보다 더 어리석은 짓은 없다. 그러므로 차 한 잔 마시는 순간에도 복덕을 쌓을 수 있는 귀한 인간의 몸을 얻었을 때인 바로 이생에 깨달음을 얻어야만 하며, 설혹 깨닫지는 못할지라도 다음 생에 삼악도에 나지 않기 위해 열심히 수행해야만 하는 것이다.

④ 찰나의 순간도 헛되이 보내서는 안 된다

하나의 향을 피우는 순간도 깨달음에 이르게 하는 원인이 될 수 있다. 참된 수행자에게는 귀한 일과 하찮은 일이 따로 없는 것이다.

사람의 몸을 받고서도 깨달음을 위한 수행을 하지 않고 돈이나 재산을 모으는 데 시간을 낭비하는 것처럼 어리석은 일도 없다. 이는 보물섬을 찾고서도 빈손으로 돌아온 것 만큼이나 안타까운 일이다. 이렇게 귀한 몸을 얻고서도 수행하지 않으면 죄만 짓게 되어 다시 삼악도에 태어나게 되니 어찌 아깝지 않을 것인가?

늙은 몸이 누더기 옷 입고
거칠은 밥으로 배를 불리며
해진 옷 기워 몸을 가리니
모든 일에 인연을 따를 뿐이네.

어느 사람 나를 꾸짖으면
나는 좋습니다 하고
나를 때리면
나는 쓰러져 눕고

미륵보살의 화신
포대화상布袋和尙

얼굴에 침을 뱉어도
마를 때까지 그냥 두네.
내 편에선 애쓸 것 없고
저 편에선 번뇌가 없으리.

이러한 바라밀이야말로
신묘한 보물이니
이 소식을 알기만 하면
도가 차지 못한다 걱정할 것 없네.

사람은 약하나 마음은 약하지 않고
사람은 가난해도 도는 가난하지 않아
한결 같은 마음으로 행을 닦으면
언제나 도에 있으리.
— 미륵보살의 게송(문수성행록)

3) 삼사도(三士道)에 따른 수행의 길

(1) 하사도(下士道)
① 다음 생을 위해 해야 할 일을 찾는 것

㉮ 죽음을 생각하지 않아서 생기는 결점

수행을 생각하지 않으면 이생만을 생각하게 되어, 입는 것이나 먹는 것 따위만을 생각하게 된다. 하지만 죽음과 내생을 생각하게 되면 그렇게 살 수는 없을 것이다. 여행을 떠나려고 생각한 사람이 이것저것 준비하게 되는 것과 같다.

사는 동안 오로지 입는 것, 먹는 것, 명예 따위에만 집착하는 것은 무상을 생각하지 않기 때문이다. 하루 동안에 무상에 대해서 생각하지 않으면 생각하지 않은 만큼 이생에서의 일만을 생각하게 된다.

죽게 된다는 생각은 누구나 다 한다. 하지만 누구나 오늘은 죽지 않을 것이라고 생각한다. 바로 내일 죽을 사람도 마찬가지다. 바로 이런 생각이 수행조차도 다음으로 미루게 하며 나태한 마음을 생기게 한다. 찰나의 순간이라도 게을리 하면 결국 깨달음의 세계에는 발도 들여놓지 못한 채 죽음을 맞이하게 된다.

지금 우리는 수행을 하고 있기는 하지만 완전하지는 못하다. 이생에 대한 집착을 버리지 못하기 때문이다. 또 우리들 대부분은 영리한 사람이 되기 위해, 또는 명예를 위해 수행을 한다. 어떤 사람이 아티샤에게 "이생만을 위하여 수행하게 되면 어떤 열매를 얻게 되느냐?"고 물었다. 그러자 아티샤는, "이생만을 위하여 수행을 하게 되면 열매도 이생에 얻을 수 있는 열매만을 얻게 된다"고 하였다. 이렇게 이생만을 위하여 수행을 하게 되면 이생에 얻을 수 있는 작은 열매는 얻을 수 있겠지만 다음 생에는 삼악도에 나게 된다.

그러므로 완전한 수행을 하고 싶으면 이생에 대한 집착을 버려야 하는 것이다. 이생에 대한 집착을 버리는 것은 가난해지라는 말이 아니고 사바세계의 여덟 가지 법(자신을 칭찬하는 것을 좋아하고, 칭찬하지 않는 것을 싫어하며, 자신을 도와주는 것을 좋아하고, 도와주지 않는 것을 싫어하며, 자신에게 듣기 좋은 말만 하는 것을 좋아하고, 듣기 좋은 말을 하지 않는 것을 싫어하며, 자신이 행복하게 되는 것을 좋아하고, 자신이 불행하게 되는 것을 싫어하는 짓)에 집착을 버리라는 것이다. 이것에 집착하게 되면 완전한 수행을 하기가 힘들게 된다.

우리는 항상 이생에 집착하고 있는지 잘 살펴야 하는데, 하나의 바늘 앞쪽에 뾰족한 부분이 두 개가 있으면 바느질을 할 수 없듯이 수행과 사바세계의 여덟 가지 법은 모순의 관계다. 죽음을 생각하지 않으면 이생에 대한 집착을 버릴 수 없으며, 이생에 대한 집착을 버리지 않으면 사바세계의 여덟 가지 법에 집착하게 되어 수행은 불가능하게 된다. 따라서 수행에 전념하려면 사바세계의 여덟 가지 법에 대한 집착에서 벗어나는 것뿐만 아니라 먹을 것, 입을 것에 대한 걱정으로부터 자유로워야 한다. 오로지 청빈한 생활만이 수행자가 사는 모습이어야 한다. 석가모니 부처님께서도 왕국을 버리고 출가하시어 버려진 옷을 주워 입으시고 수행에만 전념하셨다. 고행을 하면서도 죽을 것을 걱정하지 않았으며, 설혹 죽게 될지라도 괘념치 않고 수행을 계속하셨던 것이다.

죽어도 괜찮다는 마음으로 수행에 전념한 이들이 먹을 것이 없어 죽었다는 소리는 들은 적이 없으며, 은혜로운 부처님께서 육만 번의 전륜성왕이 될 수 있는 복덕으로 우리에게 기원을 하였으므로 사바세계에 밀알 하나와 진주를 바꾸게 되는 그런 굶주림의 시대가 되어도 수행에 전념하는 이는 굶어 죽지 않는다. 사바세계의 여덟 가지 법을 버리게 되면 명예와 부유함, 기쁨 같은 것은 자동적으로 생기게 된다.

보통 사람들이 자신을 위한 일에 집착하듯이 이생의 이익을 위한 기도나 염불은 누구나 할 수 있다. 그러나 집착을 버리고 완전한 가르침을 배우려면 죽음과 무상에 대하여 명상해야만 한다. 이생의 집착을 버리지 못하면 어떤 수행을 하더라도 이생의 집착을 위한 수행이 되고 만다. 우리는 먹을 것과 입을 것과 명예에 집착하는데, 이 중에서도 명예를 버리기가 가장 힘들다. 삼보에 공양을 올리면서도 자신의 행위를 남이 좀 보아 주었으면 하는 마음이 생기기도 하는데, 명예에 대한 집착을 끊지 못했기 때문이다. 고행을 하는 사람에게도 명예에 대한 집착을 없애기가 가장 힘들다.

부처님의 가르침을 단계적으로 배우지 않고 매우 높은 길만을 찾으면서, 기본적인 길인 집착을 버리는 수행을 게을리 하는 것은 코앞에 있는 불구덩이는 보지 못하고 멀리 있는 나무의 열매만을 얻으려고 하는 것과 같다.

이렇게 집착에서 벗어나지 못하는 것은 죽음을 생각하지 않기 때문이다. 죽음을 생각하지 않으면 바른 수행의 길을 갈 수 없다. 죽음을 생각하게 되면 쓸데없는 일에 매달리지 않고 항상 수행에만 매진하게 되며 수행에 따르는 육체적 고통도 쉽게 극복할 수 있다.

죽음을 생각하지 않으면 수행을 해도 흉내만 내면서 이생에 집착하게 된다. 그러다 어느 날 죽음이라는 적이 갑자기 나타나게 되면 자신이 그동안 애지중지하며 집착한 그 어떤 것으로부터도 도움을 받을 수 없음을 알게 된다. 그러나 이때는 이미 모든 것을 잃은 다음이다. 그러므로 항상 죽음을 생각하면 담담한 마음으로 편안한 죽음을 맞을 수 있지만, 죽음을 잊고 살면 죽음의 순간에 맞닥뜨려서야 고통에 가슴을 쥐어뜯게 된다.

많은 재산과 왕의 권력도 죽음에 이르게 되면 조금의 도움도 되지 않으며, 그때서야 한 번만 더 기회가 주어진다면 열심히 바른 수행을 할 것이라고 후회해도 이미 늦은 때이다.

㉔ 죽음을 생각하면 생기는 이득

죽음을 생각하면 사소한 일에서도 큰 의미를 발견할 수 있다. 부처님께서는 죽음과 무상을 아는 것이야말로 최고의 인식이라고 말씀하셨다. 죽음을 생각해야만 이생에서 바르게 수행하게 되고, 다음 생에 좋은 곳에 태어나기 위해 계율을 지키고, 보시하고, 인욕할 뿐만 아니라 하사(下士), 중사(中士), 상사(上士)의 길을 차례로 배우게 될 것이기 때문이다. 밀라레빠가 처음 수행하게 된 동기도 융뚱이라는 공양주의 죽음을 보고 나서였다.

티베트의 수행자들은 종아리뼈, 해골 등을 지니고 다니는데, 그 이유는 죽음을 항상 생각하기 위해서이다. 율장을 따르면 화장실 안에 해

골의 그림을 그려 놓아야 되는데, 그것은 항상 죽음을 생각하기 위해서다.

아침에 일어날 때마다 죽음을 생각하지 않으면 이생의 일에 집착하게 되며, 그렇게 되면 수행과는 거리가 먼 생활을 하게 된다.

죽음을 생각하는 것은 탐·진·치의 삼독을 없애는 데에도 아주 큰 힘이 되며 덕행을 쌓는 데도 큰 힘이 된다. 이렇게 죽음을 생각하게 되어 생기는 힘은 망상과 허물을 부수는 망치와 같아서, 수행력을 증대시켜 깨달음에 이르게 하는 힘이 되어 준다.

수행이 깊은 사람은 죽음이 찾아왔을 때, 마치 나그네가 고향에 들른 것처럼 편안하게 죽음을 맞을 수 있다. 그러한 경지에 들면 "지금 당장 죽게 되더라도 두렵지 않다. 지금 당장은 늙은 비구이지만 오후에는 정토에 태어날 것이다" 하고 말할 수 있는 것이다.

밀라레빠는 이렇게 말했다 "나 죽음이 겁나 산

으로 도망갔다. 그러나 그곳에서 영원한 마음의 근원이 공함을 알게 됐다. 이제는 죽어도 겁나지 않는다."

㉯ 죽음을 바르게 생각하는 방법
  - 죽음에 대한 아홉 가지 명상

죽음을 피할 수는 없다

갓 태어난 아이도 백 년만 지나면 죽고 없어질 것이다. 이렇게 죽음의 화살은 살아 있는 모든 것을 겨냥하고 있으며 때가 되면 한 치의 오차도 없이 정확히 삶이란 과녁을 꿰뚫을 것이다.

아무리 많은 재물이 있더라도 죽음은 피할 수가 없으며, 아무리 힘센 사람일지라도 죽음과 싸워 이길 수는 없다. 신통으로 빨리 도망칠 수 있어도 죽음의 빠름을 당해내지 못하며, 세

상을 지배한 왕들의 위대한 힘으로도 죽음을
이기지는 못한다.

수명은 연장할 수가 없다

모든 중생은 전생의 인과에 의해서 태어나고
죽게 되므로 이생에서는 수명을 늘릴 수가 없
다. 순간순간 죽음은 우리에게 다가오고 있다.
한순간도 멈추지 않고 마치 벌을 받으러가는
죄인처럼 염라대왕 앞으로 달려가고 있다.

지금까지 살았던 시간이 많은지 남은 시간이
더 많은지도 알 수 없으며, 지금 이 순간에 죽
음을 맞을 수도 있다. 따라서 지금 이 순간 숨
을 쉬고 있다고 해서 안도의 한숨을 쉴 수 없
다. 잠을 잘 때 우리는 편안하고 행복하다고
생각하며 잠을 자지만 그 순간에도 수명은 염
라대왕 앞으로 달려가고 있는 것이다.

사는 동안 수행할 시간은 그리 많지 않다

우리의 수명은 매우 짧다. 그 중에서도 수행할 수 있는 시간은 더욱 짧다. 육십 살까지 산다고 했을 때 잠자는 시간과 먹는 시간, 놀러 다니는 시간 등 의미 없이 보내는 시간들을 빼고 나면 수행할 수 있는 시간은 얼마 되지 않는다. 어릴 때에는 수행과 공부에 별로 관심을 두지 않으며, 뒤늦게 수행하고 싶은 마음이 생기더라도 마음만 있을 뿐 행동하지 못하고 마흔 살이 되며, 마흔 살이 된 후에는 늙었다고 생각하여 다음 생에 수행자로 태어날 수 있게 해 달라고 기원만 하면서 육십 살이 되어 죽음만을 바라보게 되는 것이다.

실로 많은 사람들이 '수행해야지' 하는 마음만 먹고는 실천하지 못하거나 제대로 하지 못했다고 후회하는데, 우리는 이를 보면서 자신의 현재를 살필 수 있어야 한다. 그리고 그 모습에서 자신을 발견하여 즉시 마음을 고쳐 먹고 깨달음을 향해 정진해야 할 것이다.

언제 죽을지 모른다

밥을 먹다가도 죽는 경우가 있다. 이렇듯 죽음은 언제 찾아올지 모른다. 내일과 내생 중 어느 것이 먼저 올지는 아무도 모른다. 우리는 이 모든 것을 알면서도 죽음을 준비하지 않는다. 그러나 늙도록 살 수 있을지 확실히 모르면서 늙은 후에 편안하게 살 궁리라면 물불을 가리지 않는다. 참으로 어리석은 짓이 아닐 수 없다.

죽게 되는 원인은 많고 살 수 있는 기회는 적다

한 통 안에 네 마리의 뱀을 넣으면 힘센 놈이 나머지를 먹어 버리듯이 우리 몸을 구성하고 있는 사대(지地·수水·화火·풍風)들이 일정하게 유지되지 않으면 우리의 목숨은 죽음으로 향한다. 몸 밖에 있는 원인이든 몸속에 있는 원인이든 목숨을 앗아 갈 원인들은 너무도 많다. 심지어 자신을 살리기 위한 원인들이 자신의 목숨을 앗아 갈 수도 있다. 예를 들어 인간의 편리를 위해 만들어진 자동차나 집이 오히려 목숨을 앗아 가는 경우도 있으며, 육신을 지탱하게 해 주는 음식물이 원인이 되어 목숨을 잃을 수도 있다. 이렇듯 우리의 목숨은 바람 앞의 등불과도 같은 것이다.

몸은 매우 약한 것이다

죽음의 원인이 많이 있더라도 튼튼한 몸을 지니고 있다면 막을 수 있겠지만 우리의 몸은 매우 약하다. 조그만 가시에도 죽을 수가 있는 것이다.

사람의 목숨이 이러함을 알면 내일부터 수행해야겠다는 생각이 얼마나 잘못된 것인지를 알 것이다. 중요한 것은 특별한 수행의 장소나 때가 있는 것이 아니라는 사실이다. 다가오는 순간순간을 수행자의 자세로 살면 범사가 수행일 수 있는 것이다. 이렇게 볼 때 우리가 수행하지 않는 것은 모르기 때문이 아니라 행동하지 않기 때문이다.

죽음 앞에서 재산은 도움이 되지 못한다

죽음 앞에서는 모든 것이 평등하다. 왕과 신하, 주인과 하인, 스승과 제자에 차별이 없다.

어떤 사람이 큰 돌을 다듬고 있을 때 다른 사람이 어디에 쓸 것이냐고 물었다. 그러자 돌을 다듬던 사람이 말하기를 버리는 일 말고는 쓸데가 없다고 하였다. 이와 같이 우리가 지금의 생에 만들고 있는 모든 것들은 죽음에 이르면 아무 짝에도 쓸모가 없는 것들이다.

친지들 역시 도움이 되지 않는다

혈육이나 절친한 친구조차도 죽음의 길에는 동

행할 수 없다. 오로지 그 길은 혼자서 가야 할 길이다. 인생에서 이룬 그 어떤 것도 지닐 수 없이 홀로 가야 할 길인 것이다. 그런데도 우리는 헛된 욕망에 사로잡혀 혈육에 의지하며 시간을 낭비한다. 실로 의지할 것은 수행밖에 없다.

자신의 몸도 도움이 되지 않는다

자신이 죽을 때 세상 모든 것이 황금으로 변하고 세상 모든 이들이 친구가 되어도 자신에게는 도움이 되지 못하며, 어머니 뱃속에서 나올 때부터 자신과 함께한 이 보석같이 귀한 몸 역시 두고 가야만 한다.

먼 길을 갈 때 좋은 안내자와 식량이 필요하듯이 죽음의 길에서는 수행만이 동반자요 양식이다. 수행하지 않으면 이생에서 아무리 찬란한 업적을 쌓아도 죽을 때는 미물과 다를 바가 없다. 따라서 나그네가 남의 집에 머물러도 자신의 집으로 가야 한다는 생각만 하듯이 이생에 집착하지 말고 내생을 위하여 수행해야 한다.

㉣ 삼악도의 고통과 삼선취의 고통

㉠ 죽음의 순간에 대한 명상

큰 병에 걸리게 되면 수많은 좋은 약과 의사도 소용이 없다. 잠시 생명을 연장할 수는 있겠지만 끝내 죽음의 손길에서 벗어날 수는 없다. 뒤늦게 자신이 살아가는 동안에 지은 죄를 후회하게 되어도 참회조차 할 수 없으며, 수행을 하고 싶어도 이미 그럴 능력이 사라진 상태다. 자신의 몸을 구성하고 있는 사대가 사라져 가는 것을 느끼며 고통과 공포의 순간만을 보내야 한다. 그 순간이 지나면 관 속에 놓여지게 되며 차가운 땅속에 묻혀 흙으로 돌아가야 한다. 따라서 잠을 자려고 이불을 펴거나 갤 때도 이것은 바로 시체를 싸는 천이라고 생각해야 한다. "사람들이 시체라고 부르는 것은 다른 것이 아니고 바로 자신의 몸인 것이다." 하고 밀라레빠께서 말씀하셨다.

누군가 죽으면 가족들이 사십구재를 지내면서 좋은 곳에 가라고 기도하지만 죽은 이에게 전혀 도움이 되지 못한다. 만약 도움을 주고 싶다면 죽기 전에 도움을 주어야 한다. 삼보에 귀의하면 그 공덕으로 인하여 조금의 도움이 되는 경우도 있기 때문이다.

옛날에 인도나 티베트의 유명한 스승들이 사람의 종아리 뼈와 해골 등을 지니고 있었던 것은 다른 이들에게 무서움을 주기 위해서가 아니고 항상 자신의 죽음을 생각하기 위한 것이었다. 그 해골도 전에는 한 사람의 머리였으며, 꼬집으면 아프다고 소리치던 것이며, 귀여움을 받기도 했던 것이다.

이렇듯 인간의 육신이란 참으로 허망한 것이다. 새 옷 한 벌이 다 낡기도 전에 죽을 수도 있을 만큼 우리가 지니고 있는 수명은 매우 **짧**은 것이기도 하다. 그래서 항상 무상함에 대하여 생각하라는 것이다.

지금은 스스로 매우 아끼고 보살피지만 어느 날 죽게 되면 시체라고 하여 사람들이 만지려고도 하지 않게 될 것이 육신이다. 이를 알면 마땅히 육신에 대한 집착을 버리고 수행의 길만을 생각해야 할 것이다.

㉡ 삼악도와 삼선취의 고통

태어난 모든 것은 죽는다. 또 언제 죽을지도 모르며, 죽은 후에도 영혼은 다음 생으로 윤회하게 되며, 이렇게 윤회하여 태어나는 곳은 삼선취와 삼악도 밖에는 없다. 선업을 지으면 삼선취에 나게 되고, 악업을 지으면 삼악도에 나게 된다.

우리는 이생이 끝이라고 생각하여 이생의 행복과 고통에 대하여 때론 기뻐하고 때론 슬퍼하지만 그것은 잘못된 생각이다. 이생이 끝은 아닌 것이다. 다음 생에서부터 깨달음을 얻게 될 때까지 생각하여야 한다. 그래야만 이생의 참된 의미와 다음 생에 나게 될 곳에 대해 깊이 생각하게 되기 때문이다.

이렇게 살피게 되면 다음 생에는 삼선취와 삼악도 두 곳 말고 다른 곳에 태어나는 일은 없다는 것을 알게 될 것이다.

그러나 이 두 곳을 마음대로 갈 수 있는 것은 아니다. 만약 자기 마음대로 갈 수가 있다면 누가 삼악도에 가려고 하겠는가. 다음 생은 스스로 지은 업에 의해 결정 될 뿐이다.

만약에 선업과 악업을 같이 지었으면 그 두 가지 업의 양이 많고 적음에 따라 내생에 태어나는 곳이 결정되며, 또 선업과 악업의 양이 같으면 어떤 업을 먼저 지었느냐에 따라 내생에 태어나는 곳이 결정 된다.

우리는 지금 대부분 탐·진·치에 빠져 있다.

이러한 상태에서는 삼선취에 태어날 수도 없겠지만 이생에서의 수행도 제대로 할 수 없게 된다. 오늘밤에 아늑한 집에서 포근한 이부자리에서 편안하게 잠을 자다가 갑자기 사고로 죽게 되어 내일 깰 시간에는 주위가 모두 불로 가득 찬 곳으로 도착하게 되면 어떻게 할 것인가

이렇게 삼악도에 태어나는 것을 이야기나 그림에나 있는 것으로 생각하면 아무런 도움이 되지 않는다. 그래서 항상 죽음에 대해 명상하라는 것이다. 그래야만 이생의 의미가 확연히 드러난다. 불지옥에 태어나는 고통들을 명상하게 되면 스스로 초발심으로 돌아가게 되며 그런 마음으로 인하여 자만심도 사라지게 된다.

삼악도의 고통

삼악도에는 지옥, 아귀, 축생의 세 가지가 있다.

지옥은 인도의 부다가야 삼만 이천 유순 밑에서 시작 되며, 그 밑으로 사천 유순을 내려가면 또 하나의 지옥이 나오며, 그 밑으로 사천 유순을 두 번 더 내려가면 불지옥이 있다.

불지옥의 땅과 산봉우리들은 쇠를 달군 것처럼 벌겋게 되어 있으며 사바세계의 땅은 손바닥만큼도 없다. 또 불지옥의 불은 사바세계의 불보다 일곱 배나 더 뜨거운데, 옛날에 목련존자가 불지옥의 조그만 불씨 하나를 사바세계에 가져와 바닷가에 두었는데 너무 더워서 미칠 정도여서 그곳에서는 더 이상 사람이 살 수 없었다고 한다. 더욱이 불지옥에 나는 사람들의 몸은 매우 크며, 갓난아이와 같은 피부를 지니고 있으므로 고통은 더욱 심하다.

이보다는 조금 나은 지옥에 나게 되더라도 하루에 백 번 죽고 백 번 태어나게 되는데, 여기서는 손에 무엇을 갖고 있더라도 그것으로 때리고 싸우게 된다. 지금 이생에 살고 있는 우리는 단 한 번의 죽음에 대해서도 두려워하는데, 그곳은 하루에 백 번 죽고 백 번 태어나게 되므로 얼마나 무섭고 고통스럽겠는가? 그런 곳에 태어나게 되는 원인은 십계(十戒)를 어기는 것인데, 사람을 때리는 직업을 가진 사람 역시 그곳에 태어나게 된다. 주로 살생으로 인하여 태어나게 되며 어떻게 살생했는가에 따라서 여러 가지 모습의 지옥에 태어나게 된다. 술을 많이 마시게 되면 울면서 소리치는 지옥에 태어나게 되는데, 이런 지옥에 태어나게 되면 끓는 쇠솥에 담겨진 돌처럼 그렇게 고통 받게 된다.

이러한 지옥의 시간 단위는 우리의 상상을 초월한다. 사바세계 50년이 천상의 하루인데, 이 천상의 500년이 지옥의 하루이다.

우리는 불지옥이 멀리 있다고 생각하지만 지금 이곳과 지옥의 경계는 숨 한 번 내쉬고 들이쉬는 순간에 결정된다. 지금 우리의 한 발은 이미 지옥에 있는 것이나 다름없다. 지금 이 순간에도 삼악도에 떨어질 인연을 만들고 있다면 말이다. 태어나기 전에 즉, 우리의 수명이 남은 기간 동안에 깨닫지는 못하더라도 그런 곳에 태어나지 않기 위해 참회하는 등의 방법을 찾는 것도 매우 중요하다.

아귀의 고통은 뜨겁고, 춥고, 배고프고, 목마르고, 피곤하고, 두려워하는 등의 여섯 가지다. 이생이 다하여 아귀로 태어나게 되면 배고프고, 목마르고, 피곤하고, 두려운 고통 속에서 신음해야 할 것이다. 결코 수행을 할 수도 없으며, 또 수행을 할 생각마저도 하지 못하게 된다. 내생을 결정짓는 데는 죽을 때의 마음이 중요한데, 만약 재물에 대한 집착을 하게 되면 아귀로 태어나게 된다.

아귀는 땅 밑으로 500유순을 들어가면 있는데 그곳에는 풀, 나무, 물이 하나도 없으며 모든 것이 타 버리고 재만 쌓여 있다. 아귀는 몸 전체가 균형이 맞지 않게 생겼는데 머리는 지나치게 크고, 머리카락은 헝클어져 있으며, 얼굴에는 주름살이 가득하고, 목은 매우 가늘어서 머리를 지탱하기가 힘들다. 몸은 산과 같이 크고 팔다리는 싸리나무 가지만큼이나 가늘며, 팔다리의 숫자는 제멋대로다. 또 수년 동안 물한 방울 얻기가 힘들어 몸에 피나 물이 조금도 없으며, 마른 나무에 껍질만 붙어 있는 것과 같이 야위었다. 더울 때는 달빛만받아도 덥게 되며, 겨울에는 햇볕도 차갑게 느껴지는 등의 여러 가지 고통을 받는다.

축생으로 태어나게 되면, 다른 축생에게 잡아먹히게 되는 고통, 멍청하고 우둔하여 알지 못하는 고통, 뜨겁고 차가운 것을 견뎌야 하는 고통, 굶주림의 고통, 물에 삶기는 등의 고통을 받게 된다. 그래도 삼악도의 고통 중에서 제일 가벼운 것이 축생의 고통이다. 그러나 그 고통이 결코 작은 것이 아니다. 작은 축생들은 더 큰 것에게 잡아먹히고, 큰 것들은 또 사람들에 잡히고 하는 것을 보게 되면 그 고통을 미루어 짐작할 수 있을 것이다. 새들이 벌레를 잡아먹고 호랑이가 토끼나 사슴을 먹는 것을 보라. 그러므로 우리는 그런 고통들을 구경만 하지 말고 자신이 그 고통을 받고 있는 동물로 태어난다면 어떻게 할 것인가 하는 것을 명상해야만 한다. 자신이 만약 축생으로 태어나 사람들이 자기를 데리고 갈 때 밥을 주려고 데리고 가는지 죽이려고 데려가는지도 모른다는 것을 생각해 보라. 이 얼마나 끔찍한 일인가.

우리는 다른 사람이 자기한테 너는 개와 같다고 말하면 불 같이 화를 내면서도 죽은 뒤 개로 태어날지도 모른다는 사실에 대해서는 잊고 산다.

목련 존자가 아난 존자 누나의 두 아들이 수행을 하지 않자 지옥의 모습을 보여 주었는데 그 후로는 수행을 열심히 하게 되었다. 이렇게 삼악도에 태어나게 되면 어떻게 될 것인가에 대

하여 명상하는 것은 매우 중요한 일이다. (삼선취의 고통은 중사도에서 자세히 설명한다)

② 올바른 수행의 길을 찾는 방법

㉮ 삼보를 의지해 수행하라

윤회의 세계와 삼악도의 고통이 무섭다는 것을 알게 되면 그러한 고통을 구해줄 수 있는 것은 삼보밖에 없다는 믿음이 생기게 된다. 이러한 자각이 없이는 완전한 귀의를 하지 못하는데, 삼악도의 고통들에 대해 무서워하지 않으면 그 고통에서 구해줄 대상을 찾고자 하는 간절한 마음이 생기지 않기 때문이다.

자신이 삼악도에 태어나게 되는 것을 두려워하는 마음에서 귀의하려는 것은 성문들과 하사의

수행자들이 귀의하게 되는 동기이며, 자신이
윤회세계의 고통 속에 계속 머무르게 되는 것
을 두렵게 여겨 귀의하려는 것은 연각들과 중
사의 수행자들이 귀의하게 되는 동기이며, 일
체 중생이 윤회세계의 고통 속에 머무르는 것
을 안타깝게 여기는 자비심을 가지고 귀의하려
는 것은 보살들이나 상사의 수행자들이 귀의하
게 되는 동기이다.

귀의란 무엇인가. 부처님과, 부처님의 가르침
과, 부처님의 가르침을 전하는 스승, 이 세 가
지를 믿고 따르겠다는 다짐이다. 그러나 많은
사람들이 왕이나 신, 용왕 등에게 귀의를 하
고, 외도(外道)들은 쉬바나 브라흐마 등에게 귀
의를 한다. 하지만 왕이나 신, 용왕 또는 쉬바
나 브라흐마들도 계속 윤회하기 때문에 이들
역시 우리에게는 도움이 되지 못한다. 따라서
우리에게 도움이 될 수 있는 것은 삼보 뿐이
다.

스스로 대승불교의 신봉자라고 믿는 사람도 병에 걸리거나 일이 잘 풀리지 않을 때, 또는 중요한 결정을 해야 할 일이 생길 때 신장(神將)이나 무당, 또는 산신 등에게 매달리기도 한다. 이는 삼보를 완전히 신뢰하지 않기 때문이다. 이러한 이들은 중대한 문제에 봉착했을 때 자신의 믿음의 실체를 낱낱이 보여 주는데, 이런 이들은 대승 불자가 아니다. 아니 불자일 수 없는 사람이다.

오직 부처님만이 윤회세계의 번뇌를 다 없애고 모든 중생을 구제할 수 있다. 모르는 것이 하나도 없는 지혜를 갖추셨기 때문에 다른 이들을 구할 수가 있는 것이다. 그러므로 이생의 위험에서 벗어나고자 하면 마땅히 삼보에 귀의해야만 한다.

큰 병을 고치기 위해서는 의사, 약, 간호사 등이 필요하다. 마찬가지로 태어날 때의 고통, 살아가는 동안의 고통, 죽을 때의 고통, 다시 태어나기 전 바르도에서의 고통, 이 네 가지의 고통과 삼독의 고통에서 벗어나려면, 의사와 같이 고통에서 벗어날 수 있는 길을 알려주는 부처님과 병이 나을 수 있게 하는 약과 같은 가르침[正法]과 병의 치료를 도와주는 간호사와 같이 고통을 벗어나게 하는 길을 갈 수 있도록 도와주는 도반이나 승가, 이 세 가지가 필요한 것이다.

우리가 의지해야 할 대상은 오직 삼보뿐이다.

부처님

첫째, 부처님께서는 스스로 모든 윤회세계의 고통에서 벗어나신 분이다. 만약 스스로 모든 고통에서 벗어난 분이 아니라면 남을 구할 수도 없다. 마치 물속에 두 사람이 동시에 빠지게 되면 서로서로 구하기가 힘든 것과 같다.

둘째, 모든 중생을 고통에서 벗어나게 하시는 분이다. 자기만 고통에서 벗어나 남들의 고통을 외면하는 것은 팔 없는 어머니가 물에 떠내려가는 아들을 구할 수 없는 것과 같다. 그러나 부처님께서는 남들의 고통을 그냥 지켜보지 않으신다. 큰 죄를 지은 앙굴리말라와 매우 어리석은 람충빠 등을 고통에서 구해주신 것을 보면 알 수 있을 것이다.

셋째, 일체 중생을 구별하지 않고 똑같이 은혜롭게 보살펴 주시는 분이다. 차별하는 마음이 있으면 가르침에도 차별이 생길 수 있기 때문이다. 부처님께서는 일체 중생을 똑같이 보살피신다. 반역자 데바닷다조차도 아들 라훌라와 다름없이 생각했기 때문에 병을 고쳐주신 것이다.

가르침

부처님 가르침의 가장 큰 특징은 각기 다른 중생들의 근기에 맞춘다는 것이다. 수많은 중생들의 형편을 헤아려 그에 따라 법을 펴시다 보니 8만4천의 장경이 성립된 것이다. 이처럼 부처님께서는 모든 중생들이 무지로부터 벗어나 지혜를 얻도록 하기 위해 가르침을 펴신다.

승가

승가는 부처님의 가르침을 따라 부처를 이루겠다는 믿음의 공동체며 화합의 공동체다. 그들은 오직 깨달음이라는 한 가지 목표로 만난 사람들이며 그들에 의해 부처님의 말씀이 이어져 오는 것이다. 따라서 승가에 귀의함은 부처님과 부처님의 가르침에 귀의하는 것과 같다. 그들에 귀의함으로써 깨달음의 가능성은 언제나 열려있게 되는 것이다.

⑭ 인과를 믿는 데서 수행은 시작된다

삼보에 귀의하고서도 그 가르침을 실천하지 않으면 아무 소용이 없다. 삼악도에서 벗어나게 하는 가장 큰 힘은 바로 바른 가르침이며, 바른 가르침을 실천한다는 것은 바로 인과(因果)에 대해 믿는 것이다. 죄를 짓고도 인과에 대하여 알지 못하면 그 죄를 버리려는 마음이 생기지 않게 되며, 영리한 사람이나 수행자라 할지라도 인과에 대해 바르게 알지 못하면 삼악도에 태어날 수도 있다.

수행의 준비는 인과를 믿는 것에서부터 시작되며, 인과를 중요하게 생각하지 않고 명상만을 하는 이들은 바른 가르침이 무엇인지도 모르는 수행자다. 그러면 인과에 대해 확고한 믿음을 가지려면 어떻게 해야 할까. 먼저 인과에 대해 충분한 이해를 한 다음 그에 따른 행동이 이어져야 한다.

㉠ 인과란 무엇인가

행위는 결과를 낳는다

선행을 하면 행복함이 생기고, 악행을 하게 되면 고통만 따를 뿐이다. 씨에 따라 각기 다른 열매를 맺는 것과 같다. 단맛이 나는 고추를 맺게 하려고 곁에 아무리 포도를 심어봐야 아무 소용이 없다. 이처럼 인과란 원인과 결과의 빈틈 없는 상응이다.

옛날에 냔바상덴이라는 사람이 있었는데 외모는 형편없었지만 목소리만큼은 매우 아름다웠다. 그렇게 된 연유는 다음과 같다. 그는 전생에 큰 탑을 세울 때 인부로 일한 적이 있었는데, 그때 그는 '왜 이렇게 큰 탑을 세우는 거지, 언제쯤 끝날까' 하고 마음속으로 욕을 하였다. 그러나 탑을 보는 순간 전에 마음속으로나마 나쁜 말을 한 것이 몹시 후회가 되어 참회를 하면서 좋은 소리가 나는 풍경(風聲)을 큰 탑에 공양하였다. 그는 바로 그 공양의 과보로 매우 아름다운 목소리를 얻게 되었다.

과보는 한없이 늘어난다

자신 밖에서 생기는 인과보다 자신 안에서 생기는 인과가 더 크다. 옛날에 어떤 사람이 다른 한 사람을 보고 원숭이 같다느니, 개 같다느니 하면서 험담을 했다. 그는 그렇게 무심코 한 말로 인하여 다음 생에 원숭이로 오백 생, 개로 오백 생을 살게 되는 과보를 받았다. 이렇게 조그만 죄로도 큰 과보를 받을 수가 있으므로 조그만 죄도 두려워하여 짓지 말아야 하며, 조그만 덕행으로도 큰 과보를 얻을 수 있음을 알아야 한다.

옛날에 어떤 사람이 자기가 원하는 만큼의 금화가 생기게 되어 황금의 손을 갖고 태어났는데, 어느 전생에 그 사람이 나무꾼이었을 때 금화 한 개를 물과 함께 항아리 속에 담아서 부처님께 공양을 올린 것 때문에 그런 큰 과보를 받게 된 것이다. 이렇게 작은 원인으로도 큰 결과를 얻을 수 있으므로 항상 작은 공덕이라도 지어야겠다는 결심이 중요하다.

아무리 작은 행위라도 과보는 따른다

아무리 작은 행위라도 결과는 반드시 따른다. 오래되어 없어지거나, 매우 작기 때문에 없어지는 경우는 없다.

옛날에 캄닥쁠겔이라는 이가 출가하겠다고 할 때 다른 사문들은 그에게 출가할 공덕이 없다고 하였다. 이에 그는 실망하여 깊은 시름에 잠겼다. 그러나 부처님께서는, 너한테도 출가할 공덕이 있다고 하시면서 이렇게 말씀하셨다. "어느 전생에 네가 벌로 태어나서 소의 마름똥 위에서 냄새를 맡고 있을 때 물이 흘러 떠내려가는 소똥을 따라 어느 탑 주위를 한 바퀴 돌면서 지나갔다. 이렇게 탑을 한 바퀴 돈 원인 때문에 출가할 공덕이 생긴 것이다."

나가르주나도 어느 전생에 풀을 벨 때, 개미한 마리의 등을 잘났는데, 그것으로 인하여 죽을 때 머리가 아픈 고통을 겪었다. 이처럼 원인에는 반드시 결과가 따르게 된다.

ⓒ 악업과 선업에 대한 설명

악업

인과의 법칙엔 조금의 어긋남도 없다는 것을 알았다면 해야 할 일과 하지 말아야 할 일에 대해서도 정확히 알아야 한다. 그것에 대한 대표적인 것이 십계(十戒: 열 가지 계율)인데, 출가한 사람뿐만이 아니라 출가하지 않은 사람도 반드시 지켜야 할 행동 규범이다.

우리는 지금 행복하기를 바라며, 고통에서 벗

어나고 싶어 한다. 그러나 실제 행동은 반대로 하여 고통만을 더해간다. 대부분의 사람들은 바른 가르침(正法)을 못 배워서, 또는 몰라서 지옥에 가는 것이 아니라 알면서도 행동하지 않기 때문에 지옥에 가게 된다. 중요한 것은 행동이다.

버려야 할 열 가지 악행에는 몸으로 짓는 세 가지와 입으로 짓는 네 가지, 마음으로 짓는 세 가지가 있다.

몸으로 짓는 것에는 살생, 도둑질, 음행이 있으며, 입으로 짓는 것에는 거짓말, 이간질, 모진 말, 꾸민 말이 있고, 마음으로 짓는 것에는 탐욕과 성냄과 어리석음이 있다. 이들 악행에는 대상, 생각, 행위, 그 행위의 결과라는 네 가지가 따른다.

살생의 경우를 보자

첫째, 살생의 대상은 자신일 수 없다. 반드시

남이어야 한다.

둘째, 살생의 동기가 있어야 한다. 예를 들어 동물의 가죽이나 살이나 피를 얻기 위해 살생하는 것은 탐심(貪心)에 의한 살생이며, 원수를 갚기 위한 살생은 진심(嗔心)에 의한 살생이며, 또 외도(外道)들과 같이 짐승을 죽여 그 머리나 피로 공양을 올리거나 보시하면 죄가 없어져 복을 얻을 수 있다고 믿으면서 살생을 하는 것은 치심(癡心)에 의한 살생이다.

셋째, 실제로 살생하는 행위이다. 꼭 무기나 독 등의 도구로 살생하는 것이 아니더라도 사술을 부려서 살생하는 것도 포함된다.

넷째, 그 행위의 결과는 자기보다 다른 이가 먼저 죽어야 하는 것이다. 이 네 가지 행위가 바로 살생이다.

한편 다른 사람을 시켜서 살생을 하는 것도 자신이 직접 죽인 것과 같다. 예를 들어 여덟 명이 함께 소 한 마리를 죽이면 그 죄는 여덟 등

분으로 나누어지지 않으며 각각 한 마리를 죽인 죄과를 받게 된다. 또 전쟁 중에 부하에게 죽이라는 명령을 내려 적을 죽이게 될 때 적을 두 명 죽이면 두 명 죽인 죄가, 천명을 죽이면 천명을 죽인 죄과가 생기게 되므로, 만약 꼭 살생을 해야 될 일이 있으면 다른 이에게 시키지 말고 자신이 직접 하는 것이 낫다. 대부분의 사람들은 자신이 직접 죽이지 않으면 죄가 없다고 생각하는데 이것은 잘못된 생각이다. 자신이 직접 죽이지 않고 남에게 시키게 되면 살생한 죄와 시킨 죄, 이 두 가지에 대한 죄과를 받게 되므로 그 죄과는 더 커진다.

옛날에 어떤 불자들이 양과 소와 염소를 잡아 먹기 위하여 끈으로 묶어 놓았다. 그때 염소가 소와 양에게 "오늘 우리는 불자들에게 죽을 것 같다"고 말했다. 그러자 소가 말하기를 "이 불자들은 삼보에 귀의하여 모든 중생들이 행복하기를 바라면서 기도도 하고 명상도 하는데 말도 안 되는 소리다." 하고 이야기 했다. 또 양도 말하기를 "이 불자들은 부처님의 제자이며, 또 남을 해치지 말라는 것이 부처님 가르침의 주된 내용인데, 그 가르침에 대하여 자세히 알고 있으니 우리를 죽이지 않을 것이다." 하고 말했다. 한참 시간이 흐른 뒤 불자들은 한 백정에게 양과 소와 염소를 죽여달라고 부탁하였으나 그 백정이 오늘은 바빠서 안 된다고 했다.

그러자 그 불자들은 자신들의 저녁거리이므로 오늘 꼭 죽여야 한다고 우겨서 백정은 할 수 없이 죽이기로 하였다.

백정이 소와 양과 염소를 죽이려고 할 때 그들은 매우 슬퍼하면서 눈물을 흘렸다. 그때 한 불자가 손에 염주를 들고 고기들이 얼마나 나오는지 구경하러 왔다. 이에 세 마리의 짐승들이 불자에게 "살생하면 안 되잖아!" 하고 말했다. 또 "가능하면 우리를 살려 달라. 만약 꼭 죽이려면 직접 죽여라." 하고 말했다. 이 말을 하는 순간에 백정이 와서 매우 날카로운 칼로 양의 가슴을 찌르고는 양의 내장을 드러내자 양은 매우 고통스러워했다. 또 큰 망치로 소의 머리를 때리자 소는 고통에 찬 소리를 질렀는데, 그 소리가 정토에 계시는 부처님 귀에까지 들렸다.

그 소리를 듣고 부처님께서 말씀하시기를 저 소리는 사바세계에서 불자의 모양만 가지고 있는 놈들이 자기 어머니와 같은 생명을 죽이고 있는 고통의 소리라고 말씀하셨다. 그때 정토에 있는 깃발과 일산(日傘)들이 모두 옆으로 넘어졌으며, 부처님들과 보살들은 슬픔에 잠겼다. 이렇게 불자들이 살생하는 것은 부처님의 가르침을 어기는 것이므로 절대로 해서는 안 된다. 그러므로 자기도 살생하지 않고 남에게도 살생하지 말라고 해야 하며, 다른 생명을 구할 수 있으면 구해주는 것이 제일의 수행이다.

도둑질에도 네 가지가 있어야 한다.

첫째, 그 대상은 남의 것이어야 한다.

둘째, 다른 이가 주지 않는데도 얻고 싶은 마음이 생겨야 한다. 좋은 물건을 보고 갖고 싶은 마음이 생겨 훔치게 되면 탐심(貪心)에 의한 도둑질이고, 원수나 좋아하지 않는 이들을 때리고 빼앗은 것은 진심(嗔心)에 의한 도둑질이며, '가난해서 도둑질하는 것은 죄가 없다'고 하는 것은 치심(癡心)에 의한 도둑질이다.

셋째, 실제로 훔치는 행위인데 직접 훔치는 경우 뿐만 아니라 누군가 물건을 보시할 때 하나씩만 주어지는 것을 몰래 하나 더 가지는 것도 도둑질이다. 또 다른 이에게 돈을 빌려주고 이자를 많이 받는 것도 도둑질이며, 장사할 때 물건 값을 비싸게 받아서 옳지 못한 이익을 얻는 것도 도둑질이다.

넷째, 위의 세 가지 행위의 결과로 원하는 물건을 얻는 것, 그것이 바로 도둑질이다.

이 밖에 음행이나 거짓말 따위의 악행들은 모두 탐냄과 성냄과 어리석음에 의한 것이므로 항상 행위의 원인과 결과를 살펴 스스로를 제어하지 않으면 안 된다.

악업의 가볍고 무겁고의 차이

죄에 따라 가볍고 무거운 차이가 있다. 살생하는 죄가 가장 무거우며, 도둑질, 음행, 거짓말, 이간질, 모진 말 꾸미는 말의 순서로 죄가 조금씩 가볍다. 왜냐하면 당하는 상대방의 고통에 따라서 죄의 무게가 결정되기 때문이다. 누구나 물건보다는 목숨을 가장 귀하게 여기므로 살생의 죄가 도둑질의 죄보다 무겁다.

마음으로 짓는 죄의 세 가지 중에는 사견(邪見)이 가장 무거우며, 그 다음이 남을 해치는 마음이고, 그 다음이 탐하는 마음(貪心)이다.

행동으로 그 죄가 무겁게 되는 것에는 매우 나쁜 방법에 의한 살생이 대표적이다. 또 벌레를 죽인 것보다 코끼리를 죽인 것이 더 무거운 죄를 받게 되는데, 몸의 크기에 따라 고통이 다르기 때문이다.

어떤 나라에서는 개나 닭, 벌레 등을 불에 태워서 죽이는 경우가 있는데, 그렇게 하면 죄질에 의한 죄의 무게와 행동에 의한 죄의 무게 두 가지를 모두 무겁게 받게 된다.

대상에 따라 그 죄의 무게를 달리하는 경우는 화가 나서 눈을 흘겨보는 것이다. 보통의 사람에게 하는 것보다 스승이나 깨달은 이, 보살, 부모님 등 귀한 분들에게 하는 것의 죄가 더 무겁다.

또 항상 하는 행동으로 인하여 그 죄가 무겁게 되는 것은 꾸미는 말을 하는 것인데 늘 하는 행동이므로 죄를 무겁게 받게 된다.

구제 받을 수 없는 행동으로 인하여 그 죄가 무겁게 되는 것은 덕행을 하나도 베풀지 않은 것인데, 인색한 사람이 짓는 죄는 매우 무겁다.

보살들에게 매우 화가 나서 눈을 흘겨보는 것이나, 고통을 주면서 동물을 죽이는 것은 무거운 죄 둘을 한꺼번에 짓는 행위이다. 보살들에게 매우 화가 난 눈으로 흘겨보는 것은 대상에 의한 죄와 생각에 의한 죄가 합쳐진 것이고, 고통을 주면서 동물을 죽이는 것은 생각에 의한 죄와 행동에 의한 죄가 합쳐진 것이다.

악업의 결과

큰 죄를 지으면 지옥에 나게 되고, 중간의 죄를 지으면 아귀로 나게 되고, 작은 죄를 지으면 축생에 나게 된다. 큰 살생을 하게 되면 반드시 지옥에 나게 된다. 또 지옥의 벌을 받고 나서 인간으로 태어나게 되면 전생의 환경에 따라 결과가 생기게 되므로 수명이 짧고 병에 걸리게 되며, 어려서부터 살생하는 것을 좋아하게 되며, 늘 굶주림에 시달리게 되고 약을 쓰더라도 별 도움이 되지 않는다. 그러므로 지옥에 태어나서 자신의 몸과 불이 하나가 되는 고통보다 사람으로 태어나서 살생하는 것을 좋아하게 되는 것이 더 무서운데, 그 결과로 지옥에 떨어지기 때문이다.

열 가지 나쁜 행위 중 살생을 뺀 나머지 아홉 가지도 고통스런 결과를 낳게 되는데, 고아로 태어나거나, 정숙하지 못한 부인을 만나거나, 다른 사람이 자신의 말을 모두 거짓으로 생각하거나, 친지들과 헤어지게 되거나, 다른 사람이 자신에게 좋지 않은 말을 하거나, 자신이 하고자 하는 일이 잘 되지 않거나, 언제나 위험하게 살거나, 진리를 구하는 이를 어리석다고 생각하는 등의 결과를 초래하게 된다.

그러나 때로 죄를 지은 이들은 오래 살고, 하고자 하는 일들이 잘 되지만 오히려 수행자들이 오래 살지 못하는 경우도 있다. 그것은 전생의 원인으로 인한 이생의 결과이기 때문이다. 이처럼 사람들의 모든 행위는 숙세에 걸친 업의 작용임을 알아야 한다. 그러므로 순간순간 지난 생을 돌아보고 다가올 생을 위해 바른 행동을 해야 한다.

선업

열 가지 악업을 짓지 않는 자체가 선업은 아니다.

선업이라 할 구체적 행위가 있어야 하며, 선업이 무엇인지 알아야 하며, 나쁜 업 열 가지를 하지 않겠다는 결심이 있어야 한다.

예를 들어 소를 죽이지 않겠다는 결심이 선업이 되는 과정은 다음과 같다. 소라는 대상에 대하여 죽이는 것은 나쁜 일이라고 생각하여 죽이면 안 되겠다고 마음을 먹고, 소를 죽여야 할 상황에서도 그렇게 하지 않는 행위의 결과가 바로 선업이다.

ⓒ 인과를 알고 나서 취할 태도

죄를 조금 짓더라도 참회하면 되니까 괜찮다고 생각하는 이들이 있는데, 죄를 처음부터 짓지 않는 것과 참회하는 것에는 매우 큰 차이가 있다. 그것은 마치 두 다리가 성한 사람이라 할지라도 처음부터 멀쩡한 것과 다쳐서 고친 것의 차이와 같다.

우리는 주로 이생만을 생각하며 다음 생에 대해서는 별로 관심이 없다. 그러나 우리는 이제 인간의 몸 받기가 힘들다는 것을 알았으며, 죽음에 대해서도 삼악도의 고통에 대해서도, 어떻게 귀의해야 하는가에 대해서도, 인과에 대해서도 알았으므로 이제부터는 다음 생을 위하여 행동할 줄을 알아야 할 것이다. 따라서 다음 생을 주로 생각하고 이생에 준비를 해야 한다. 이렇게 하면 하사의 길을 깨우치게 되고 중사의 길로 나아갈 수 있게 된다.

⑵ 중사도(中士道)

① 깨달음에 이르는 길을 배워야겠다는 생각

㉮ 윤회의 고통에 대한 명상

하사도의 차례에 의지하여 십악을 버리면 삼악도의 고통에서 잠시 벗어나서 삼선취에 태어나게 되지만 그것만으로는 부족하다. 윤회세계에서 영원히 벗어나지 못하면 선업의 과보가 끝남과 함께 다시 삼악도에 태어나게 되기 때문이다. 그러므로 해탈만이 고통의 끝이다.

해탈하기 위해서는 중사의 길인 깨달음에 이르는 방법을 배워야 하는데, 그 방법은 바로 사성제와 십이연기에 대하여 아는 것이다. 해탈이라는 것은 묶여 있는 것을 푸는 것과 같다. 동물들이 끈에 묶여 있다가 풀리면 자유로워지듯이 인과와 번뇌의 끈으로부터 자유로워지는 것이 해탈이다.

인과와 번뇌의 끈에 의하여 네 가지 탄생(습생

濕生·화생火生·난생卵生·태생胎生)으로 육도를 윤회하면서, 어느 생이든 처음 생성될 때부터 인과와 번뇌의 끈에 묶이게 되는데, 이 묶임에서 풀리는 것이 바로 해탈이다. 그 순간 윤회의 수레바퀴는 멈추게 된다.

교도소에 있는 사람이 그 교도소에서 벗어나기 위해서는 벗어나고 싶다는 마음이 있어야 할 터인데, 교도소 안에서의 고통을 모르면 그러한 마음은 생겨나지 않을 것이다. 이처럼 윤회세계에서 벗어나고 싶은 마음이 생기지 않으면 벗어나고자 하는 행동을 하지 않을 것이며, 벗어나고자 하는 마음은 윤회세계의 고통을 알아야만 생기게 될 것이다.

윤회세계의 고통을 알기 위해서는 사성제(고苦·집集·멸滅·도道)를 알아야 한다. 사성제는 부처님께서 바라나시에서 초전법륜을 굴리실 때 다섯 비구에게 말씀하신 것인데, 인과의 법칙에 의하면 고성제부터 말해야 할 것이다. 고통에 대하여 알게 되면 고통을 피하고자 하는 마음이 생기게 되며, 고통을 모르게 되면 고통을 없애려는 마음이 생기지 않게 되기 때문이다. 고통을 없애려는 마음이 생기면 마땅히 그 원인을 알고 그것을 멸하여 닦아나가는 것이 수행의 요체인 것이다.

병든 사람이 건강을 되찾으려면 먼저 병의 원인을 알아야 하고, 건강을 되찾겠다는 목표가 있어야 하고, 약을 쓰는 방법을 알아야 하듯이 고통의 원인을 아는 것이 집성제인데, 집착에는 인과의 집착과 번뇌의 집착 두 가지가 있다. 집성제를 알고 나서는 집착을 버려야 하며, 그 결과가 멸성제임을 알아야 한다. 그런 다음 멸성제를 얻기 위한 방법이 바로 도성제임을 알아야 한다. 이렇듯 해탈을 이루려면 고통의 실상에 대하여 알아야 한다.

윤회세계 전체의 고통을 알기 위한 방법에는 여섯 가지가 있다.

㉠ '나'에 집착하는 허물

윤회세계의 행복이란 찰나의 환상과 같은 것이다. 전생과 이생의 원수가 내생의 친지와 부모로 바뀔 수도 있는 것이다.

옛날에 한 집안의 아버지가 집 뒤의 연못에서 고기를 잡아먹었는데, 죽어서 그 집 연못의 물고기로 태어났다.

어머니는 죽을 때 그 집에 대한 집착을 버리지 못하여 개로 태어났다. 한편 며느리가 아들을 낳았는데, 그 아이는 전생에 그 며느리를 좋아하다 남편에 의해 죽은 사람이었다. 그 후 그 집안의 아들은 연못에서 아버지가 죽어서 된 물고기를 잡아먹었고 개로 태어난 어머니가 뼈를 먹으려 하자 발로 걷어차며 좋아버렸다.

어느 날 사미가 탁발을 갔다가 그 집안의 내력을 알고는 이렇게 말했다. "아버지 고기를 먹고, 어머니를 미워하고, 원수를 가슴에 보듬고, 개로 태어난 아내는 남편이었던 물고기의 뼈를

탐낸다. 윤회의 세계는 참으로 웃기는 것이다"

지금 우리는 친지나 원수가 영원할 것으로 믿지만 참으로 헛된 믿음이 아닐 수 없다. 이생의 어느 한 순간에도 그것은 바뀔 수가 있다. 다시 살아 친지가 원수로 될 수도 있으며, 원수가 친지로 될 수도 있는 것이다.

목련존자가 킴다뻬게라는 사람에게 전생의 모습을 보여주기 위하여 바다로 데리고 가다가 길에서 뱀이 한 여인의 시체를 감고 있는 것을 보았다. 목련존자는 킴다뻬게에게 그것을 가리키며 말하기를, 한 아름다운 여자가 상인인 남편과 배를 타고 가다가 사고가 생겨 바다에 빠져 죽었는데, 죽는 순간에도 자기 얼굴을 보면서 화장을 하고 있었다. 이렇게 자기 얼굴에 매우 집착하였기 때문에 죽어서 뱀으로 태어나서도 자기의 시체에 몸을 감고 있는 것이라고 하였다.

또 계속 길을 가다가 큰 나무통처럼 생긴 동물

을 많은 벌레들이 먹고 있는 것을 보게 되었는데, 그것은 옛날 어느 절에서 한 스님이 대중공양을 위한 장작을 아끼지 않고 헤프게 써버린 탓에 큰 나무통 같이 생긴 동물로 태어난 것이라고 하였다.

다시 길을 가다가 큰 봉우리같이 생긴 악어의 뼈를 보았는데, 그것은 옛날이 한 왕이 악어로 태어난 다음 죽은 흔적이었다. 악어로 태어나기 전 그 왕은 한 신하의 죄를 물어 사형에 처했는데, 훗날 '법대로'라는 자신의 한마디 때문에 한 사람의 목숨이 사라지게 된 것을 몹시 후회하였으나 죽어서도 오래도록 악어로 태어났다. 어느 날 큰 배를 타고 가던 상인들이 그 악어를 보고 "부처님께 귀의합니다." 하고 소리쳤다. 그 소리를 듣고 난 후 악어는 아무 것도 먹지 않고 굶어죽었는데, 그 악어가 바로 킴다뻬게라는 것이었다. 이렇게 처음은 왕으로, 다음은 악어로, 그 다음은 인간으로, 자주 바뀌는 것이 윤회세계의 실상이다.

ⓛ 만족하지 못하므로 생기는 허물

윤회세계의 행복이란 소금물과 같아서 마시면 마실 수록 갈증이 더 심해진다. 예를 들어 만 원을 가진 사람은 이만 원을 갖게 되기를 바라고, 이만 원을 가지게 되면 더 많은 돈을 바라는 것과 같다. 만족할 줄 모르면 거지와 다를 바가 없는 것이 인간이다. 이렇듯 윤회세계의 행복이란 한낱 물거품 같은 것일 따름이다.

ⓔ 몸이 자주 바뀌는 허물

우리는 전생에 천상에 태어나서 행복하기도 했고, 지옥에 태어나서 무서운 것들과 함께 있는 고통도 받았으며, 왕으로 태어나 많은 신하와 많은 재산을 가지기도 했다. 하지만 그것들은 지금 삶에 조금도 도움이 되지 않는다. 오히려 갈망만 더하게 하여 다시 지옥에 태어나게 하는 원인이 되기도 한다. 이처럼 윤회세계에서 얻은 것들은 헛된 꿈과 같은 것들이다.

전륜성왕으로 태어나서 이 세상의 모든 부귀를 다 누려도 바르도의 무서운 길을 갈 때에는 거지와 차별이 없는 것이다. 그러므로 시작도 없는 전생부터 시작하여 이생에 이런 귀한 몸을 만나게 된 것을 귀중하게 생각해야만 한다.

㉣ 자주 태어나는 허물

전생에 지옥에 태어나서 끓인 쇳물을 바닷물보다 더 많이 마셔도 다시 윤회의 세계에 태어나면 그러한 고통을 반복할 수밖에 없다. 또 전생에 부모나 형제 등과 만나고 헤어지는 것이 흘린 눈물이 바다보다 많더라도 윤회세계에서 벗어나지 않으면 그 보다 더 많은 눈물을 흘려야 한다. 전생에 원수의 머리를 자른 것이 수미산보다 높았어도 윤회를 멈추지 않는 한 더 많은 원수의 머리를 잘라야 한다. 지옥에서 백 번 죽고 백 번 태어나는 고통을 받았더라도 지금 윤회의 세계에서 벗어나지 않으면 더욱더 많은 고통을 받게 될 것이다.

㉤ 지위가 자주 바뀌는 허물

재산을 아무리 많이 모아도 결국은 없어지게 되며, 산의 정상에 올라도 다시 내려와야 하며, 만나면 헤어져야 하며, 태어나면 결국 죽게 되어 있다.

윤회의 세계에서 벗어나지 않는 한, 쌓은 모든 곳은 물거품에 지나지 않으며 이생의 모든 시간은 찰나에 지나지 않는다.

㉥ 친구가 없는 허물

사람은 누구나 혼자일 수밖에 없다. 병들어 고통 받거나 죽는 순간에도 모든 것을 혼자 겪을 수밖에 없다. 그 누구도 대신해 줄 수 없는 것이다.

"우리는 태어날 때 혼자이고, 죽을 때도 혼자

이다. 세상 누구에게도 그 고통을 나눠줄 수 없으며, 세상 누구라도 그 고통을 가져가지 못한다. 오히려 방해만 될 뿐이니 그런 친구가 왜 필요하겠는가?" 하고 산티데와께서 말씀하셨다.

오직 윤회의 고통을 생각하여 윤회에서 벗어날 길만을 찾아야 한다.

㉯ 삼선취의 고통

㉠ 아수라의 고통

아수라가 사는 곳은 천상 바로 밑이며, 아수라는 신과 비슷하기는 하지만 신과 비교할 수는 없다. 아수라에게는 아름다운 여자가 많은데, 이 여자들을 신들이 빼앗아 간다. 그래서 아수라는 항상 신을 질투하는 고통의 불에 시달린다.

신을 질투하므로 항상 신과 싸우게 되지만 아수라들은 항상 지기만 할 뿐 이길 때가 없다. 이렇게 아수라들은 죽을 때까지 싸우고 질투하는 고통에 시달려야 한다.

ⓛ 인간의 고통

태어나는 고통

삼악도의 고통에 비해 신과 인간의 고통이 조금 가볍다 하더라도 윤회세계에서 벗어나지 못하는 한 다를 바가 없다. 시작을 알 수 없는 전생에서부터 시작된 고통을 모태에서 태어날 때 다 잊어버리고 기억하지 못할 따름이다.

우리의 영혼은 죽은 다음에도 바르도라는 곳에서 49일 동안 머물게 되며, 일주일 단위로 다른 생에 다시 태어나기 위해 죽게 되는데, 그동안에 다시 태어나게 되는 장소를 찾아다니게 된다. 그 장소를 일주일 만에 찾을 수도 있고 이주일 만에 찾을 수도 있는데, 마지막 일곱째 주인 49일까지 가면 반드시 다음 생으로 태어나게 된다. 만약 사람의 아이로 태어날 인연이 있으면 남자의 정자와 여자의 난자가 합해진 위에 가게 되는데, 남자의 정자와 여자의 난자가 합해진 것이 바로 자신의 몸이다.

또 자신의 몸이 모태 안에서 처음 생길 때는 지옥의 펄펄 끓는 쇠솥에 담겨지는 듯한 고통이 있으며, 또 머리와 양 팔과 양 다리가 생길 때는 마치 막대기로 자신의 몸 안에서 다섯 곳으로 밀어내는 듯한 그런 고통이 따른다. 또 어머니가 뜨거운 것을 마시거나, 움직이거나 잠잘 때에도 삶기는 듯한 고통과 태풍에 날리는 고통, 산 밑에 깔리는 고통을 느끼게 된다. 9개월 10일 정도 다섯 가지의 식(안식眼識·이식耳識·비식鼻識·설식舌識·신식身識·의식意識)이 생기고 밖으로 나오고 싶은 마음이 생기는데, 모태의 문을 열고 밖으로 나올 때에는 소의 생가죽을 벗기는 고통과 고양이가 쥐구멍을 통과하는 고통을 느끼게 된다. 그리고 나면 전생의 공부를 다 잊어버리고 지혜도 다 없어져 먹고, 잠자고, 걷는 것 등을 다시 배워야만 한다.

태어나는 고통이 지났기 때문에 고통들이 끝났

다고 생각하는 이들도 있지만, 윤회를 벗어나지 못하면 다시 이런 참을 수 없는 고통들을 받게 된다.

늙음의 고통

늙게 되면 몸의 힘이 다 빠지고, 육근들도 다시든다. 한 때 정열적으로 하고자 했던 일들도 모두 다 시들해지고 늙음의 고통만 다르게 된다. 몸은 활처럼 굽어지고 피부는 윤기를 잃고, 앉거나 일어날 때 매우 힘들게 되며, 흰머리가 나고 주름도 늘어난다. 이것들은 모두 우리가 윤회하고 있다는 증거이다.

그러므로 우리는 육근이나 몸, 지혜 등이 시들기 전에 지금 열심히 수행해야 한다. 머리가 희어지고 주름이 잡히는 등의 변화되는 모습은 염라대왕이 '너 올 시간 다 됐다'고 표시하는 것과 같다. 또한 늙게 되면 죽음을 두려워하는 마음이 생기게 되는데 그 또한 고통이다.

병이 나는 고통

병이 나면 몸은 더욱 더 시들고, 사는 일 자체
가 고통으로 바뀐다. 목숨이 떨어질까 전전긍
긍하는 심리적 고통도 더해 가는데, 그야말로
내일을 기약할 수 없는 하루살이 인생이 되고
마는 것이다. 그러므로 건강한 몸을 지니고 있
을 때 고통에 대하여 명상하라는 것이다.

죽음의 고통

수행의 완성, 즉 해탈을 이루지 못하고 죽음을
맞이하는 것은 또다른 고통의 시작이다.

좋아하는 이와 헤어지는 고통

부모, 형제, 스승, 친구, 제자 등 좋아하는 사
람과의 이별 또한 고통이다. 오로지 해탈만이
고통에서 벗어날 수 있는 유일한 희망이다.

싫어하는 이와 만나게 되는 고통

윤회세계에 머무는 한 싫어하는 일이나 싫어하는 사람과의 만남을 피할 수 없다. 시공에 속박당한 몸으로는 애당초 걸림 없는 삶이 불가능하다. 갖가지 재난이나 시비에 휘말리지 않을 수 없고, 그러다 보면 원수를 만들게 되고, 그러한 과정은 끝없이 반복된다.

원하는 것을 갖지 못하는 고통

굶주림의 고통, 생활을 이어가기 위해 끝없이 가꾸고 얻어야 하는 고통, 원하는 것을 얻고 난 뒤 그것을 지켜야 하는 고통… 산다는 일은 고통의 연속이다. 그래서 불가에서는 '마음'을 강조하는 것이다. '일체유심조'라는 말인데, 그 도리를 명철히 깨닫고 실천하기란 쉬운 일이 아니다. 그래서 끝없이 갈등하는 것이다.

윤회에서 벗어나지 못하는 한 하루하루의 삶이 고통일 수밖에 없다. 원하는 것을 얻지 못해도 고통이고 얻고 난 다음 지키려고 애쓰고 잃을까 불안해하는 것도 고통이다. 이러한 모든 고통들에서 벗어나지 못하는 것이 윤회의 씨앗이자 결과인 것이다.

ⓒ 천상의 고통

천상에 나게 되면 행복할 것이라고 생각하는데 욕망의 신이 죽을 때를 보게 되면 고통스럽기 그지없다. 먼저 몸의 윤기가 없어지고, 눈은 게슴츠레해지며 한 대상에만 집착하는 등의 불안한 증세를 보인다. 또 물고기를 물 밖으로 던져 놓으면 매우 고통스럽게 팔딱팔딱 뛰듯이, 고통의 소리를 지른다. 신들은 죽기 일주일 전부터 극심한 고통에 시달리는데, 그 일주일은 인간의 시간으로 삼백오십 년이나 된다.

신들은 죽을 때가 되면 자신이 어디에 태어날

것인지 알게 된다. 그때는 전에 쌓은 공덕이 다 떨어지게 되는데, 신들은 매우 행복하게 살았으므로 그만큼 공덕도 많이 사용한 것이 된다. 그러므로 우리에게 이생은 복덕을 예금하는 시간이어야지 복덕의 열매를 사용하는 시간이어서는 안 된다. 이런 이유 때문에 신들은 거의 삼악도에 태어나게 되며, 죽을 때 그것을 알기 때문에 더욱 고통스러워한다.

신들조차도 복덕이 다 떨어지면 낮은 윤회세계에 태어나며, 낮은 윤회세계에 태어날 때는 어리석기 짝이 없는 상태로 태어나게 되니 윤회세계의 중생들보다 더 못하다.

또 어떤 신들은 선정에 드는 것 자체를 깨달음이라고 잘못 생각하여 스스로 깨달았다고 생각하지만, 죽는 순간 자신이 깨닫지 못했다는 것을 알게 된다. 그런 잘못된 생각 때문에 가장 나쁜 지옥에 태어나게 된다. 그러므로 잠시 동안 신의 몸을 받은 것도 사실은 지옥의 달궈진 쇠솥 위에 앉아있는 것과 다름없다. 그늘에 오래 앉아 있을 때 햇볕이 잠시 들면 행복을 느끼지만 그것은 한순간에 지나지 않는다. 걷다 피곤할 때 앉게 되면 행복하다고 느끼지만 앉는 그 순간부터 걸을 때의 고통은 멈추지만 앉아있는 고통이 시작된다. 다시 일어나면 앉아있는 고통은 멈추지만 일어나 있는 고통이 시작된다. 이렇게 어디에 의지하여도 고통을 받게 될 분이다. 지옥의 춥고 더운 고통, 아귀의 배고프고 목마른 고통, 축생의 우둔한 고통 등은 윤회하기 때문인데, 윤회세계에서 벗어날 때까지 고통은 끊이질 않는다. 그러므로 우리 몸은 고통을 받는 자루이며, 다음 생의 고통의 씨앗이다. 그래서 이 몸을 자신의 보래 모습으로 생각하지 말라는 것이다.

아리야데바사Aryadeva는 "고통은 바다와 같이 항상 끝이 없는데 아이야, 너는 지금 바닷속으로 빠져들면서도 겁내지 않는가?" 하고 말씀하셨다. 윤회세계의 행복과 힘과 재산 따위는 모두 거짓일 뿐임을 알고 그것에 대한 집착에서 벗어나야 한다.

어떤 이들은 자기에게 좋지 않은 일이 생기면 그때서야 윤회세계는 고통밖에 없다고 말하지만, 실지로 고통에서 벗어나려고는 하지 않는다. 이 고통뿐인 윤회세계에서 영원히 벗어나고 싶으면 태어나는 원인을 없애야만 하며, 그 길은 깨달음 즉 해탈을 이루는 것밖에 없다.

깨달음을 얻고 싶은 마음이 있으면 반드시 보리심이 있어야 하며, 보리심을 일으키기 위해서는 반드시 동정심이 있어야 하며, 동정심을 일으키기 위해서는 모든 중생들을 자기 어머님과 같이 볼 수 있는 마음이 있어야 한다.

윤회세계의 고통들에 대해 명상함으로써 초발심이 생기며, 다른 이를 위해 명상하게 되면 동정심이 생기게 되고, 이런 마음이 생긴 후에 수행을 하게 되면 깨달음의 세계로 나아갈 수 있다.

초발심, 보리심, 공성에 의지하지 않고 명상이
나 진언만으로 수행을 하면 깨달음의 바른 길
에서 벗어나 다른 방향으로 가게 된다. 의미
없는 믿음들을 일단 놓아두고 초발심, 보리심,
공성을 알아나가는 것이 깨달음으로 가는 바른
순서이다.

큰사랑(大慈)이 여래이자 불성입니다

수천의 생을 반복한다 해도
사랑하는 사람과
다시 만난다는 것은 드문 일이다.
지금 후회 없이 사랑하라.
사랑할 시간은 그리 많지 않다.
-샨티데바의 '입보리행론'

② 깨달음의 길

㉮ 집착으로 인한 윤회

㉠ 번뇌의 종류

윤회의 흐름을 끊기 위해서는 집착을 없애야 하는데, 집착에는 업의 집착과 번뇌의 집착 두 가지가 있다. 번뇌가 있으면 전에 지은 업이 없더라도 그 번뇌로 새로운 업을 만들게 되고, 다음 생의 몸을 만드는 업의 씨앗이 된다. 따라서 윤회세계에 태어나게 되는 뿌리는 바로 번뇌이다. 이 번뇌에 대해서 바르게 알지 못하는 것은 전쟁터에서 아군과 적군을 구분하지 못하고 화살을 쏘는 것과 같다. 독을 모르고 해독제를 쓸 수 없듯이 번뇌의 원인을 알지 못하고 윤회의 세계에서 벗어날 수는 없다.

번뇌에는 여섯 가지의 근본 번뇌와 그에 다른 스무 가지의 수번뇌가 있다.

貪(탐)

탐하는 마음은 윤회의 감옥으로 이끄는 올가미다. 윤회의 세계에 대한 이해를 가로막는 것도 탐심이며 윤회의 세계에 묶이게 하는 것도 탐심이다. 그러므로 살아있는 것들을 탐하게 될 때는 그 살아있는 것들을 36가지의 더러운 것들이 들어 있는 자루로 생각하여야 한다. 살아있지 않은 것들을 탐하게 될 때에도 그것들은 본래 더러운 것들로부터 나온 것임을 생각해야 한다.

瞋(진)

모든 유정·무정을 헤치고 싶은 마음의 원인이 진이다. 이렇듯 진심(瞋心) 즉 화를 내는 것은 모든 공덕을 없애는 가장 힘센 번뇌이며 삼악도의 벼랑으로 자신을 내모는 가장 힘센 원수이다. 그러므로 인욕이야말로 모든 번뇌를 끊고 깨달음의 세계로 나아가게 하는 길잡이 중

으뜸이다.

慢(만)

자만심 또한 깨달음의 적이다. 높은 산에서 내려다보면 모든 것이 작게 보이는 것처럼, 자신을 중심에 놓고 사물을 바라보면 모든 것이 하찮아 보인다. 스승이나 다른 이들의 가르침도 귀에 들어오지 않게 된다. 그러므로 항상 자신의 부족한 점에 대하여 명상을 해야 한다. 자신의 머리끝에서 발끝까지 살펴보면 허점 투성이 임을 쉽게 알 수 있을 것이다. 그래서 한순간도 방심하지 말고 자신을 살피라는 것이다.

癡(치)

어리석음은 곧 어두움이다. 눈을 감으면 아무 것도 볼 수가 없는 것처럼 어리석음은 사성제, 인과, 삼보와 같은 것을 알 수 없게 한다. 그래서 치, 즉 어리석음은 지혜의 싹을 덮어버리는 번뇌의 뿌리가 된다.

'치'와 '살가야견(薩迦耶見)'이 같은 것이라고 하는 견해가 있는데, 이것은 다르마까르마와 찐뜨라끼르띠의 주장이다. 아상가와 바수반두는 '치'와 '살가야견'을 다른 것으로 생각하였는데, 그들은 어두운 곳에서 새끼줄을 보았을 때 새끼줄을 뱀이라고 착각하는 것이 '살가야견'이고, 새끼줄은 그대로인데 새끼줄인 줄 모르게 한 원인인 어둠이 바로 '치'라고 하였다.

疑(의)

삼보를 의심하게 되면 깨우침의 길이 험난해진다. 어리석음 속에서 이리저리 방황하다가 한 세상을 허송하게 된다.

인과를 의심하면 삼선취에 태어나기 힘들게 되고, 사성제를 의심하면 깨달음의 길로 나아갈 수 없다. 의심 가운데서도 이 두 가지 의심이 제일 나쁘다.

惡見(악견)

악견에는 다섯 가지가 있다. 첫째, 살가야견(薩迦耶見), 무상한 자신의 몸을 보고 '나'라고 생각하는 악견이다. 이러한 견해에 사로잡히게 되면 자신에게 친절하거나, 욕하거나, 도와주거나 할 때 상대와 자신을 의식하게 되고 좋고 나쁜 감정에 휩싸이게 된다. 깨달음의 길에서 벗어나게 되는 것이다.

살가야견은 작은 개미에게도 있다. 예를 들어 개미를 나무로 건드리면 자신의 생명에 위협을 느끼고 죽은 체하고 있다가, 가만히 두면 잠시 후에 도망가게 되는 것은 살가야견 때문이다.

둘째, 변집견(邊執見)은 '나'라는 것이 지금의 육신과 같은 구체적인 형태로 존재한다는 생각에서 비롯된다. 지금의 '나'는 영원할 것이라고 생각하며 진리로 여기는 악견과, 죽으면 또다시 태어나지 않고 이번이 끝이라고 생각하는 악견, 이 두 가지를 말한다. 주로 외도들에게서 생기는 견해이다.

셋째, 見取見(견취견)은 살가야견과 邪見(사견)이 의지하는 '나'라는 몸을 보고 그것을 최고의 진리라고 생각하는 악견이다.

넷째, 戒禁取見(계금취견)은 외도들의 견해인데, 한 쪽 무릎을 세우는 것들을 계율로 생각하고, 삼지창 위로 뛰어내리면 깨달을 수 있다고 믿거나 쇠꼬챙이로 자기 뺨을 뚫는 것을 바른 수행으로 생각하는 등의 악견을 말한다. 어떤 이들이 숙명통으로 전생에 개로 태어난 것을 알고, 개의 소리를 내고 개처럼 행동하면 다음 생에 인간으로 태어난다고 생각하여 몸과 입으로 개처럼 행동하는 것을 계율로 삼아 삼독에서 벗어날 수 있다고 인식하는 악견이다.

다섯째, 邪見(사견)은 사성제, 삼보, 인과 등을 없다고 생각하거나, 있는 것을 없다고 생각하거나, 없는 것을 있다고 생각하는 등을 말한다. 어떤 외도들은 이 세상을 비슈누가 만들었다고, 하고, 어떤 외도들은 쉬바가 만들었다고 하는데, 사실은 그렇지 않은데 그렇다고 믿는 것이 사견이다.

위의 五見(오견)을 합하여 악견이라고 하며, 이 악견과 다섯 가지 번뇌를 합하여 여섯 가지 근본 번뇌라 한다.

ⓛ 번뇌는 어떻게 생기는가

모든 번뇌는 '나'의 실재를 믿는 것에서 비롯된다. 이러한 그릇된 믿음은 살가야견과 무지이다.

'나'라는 의식에서부터 '나'라고 하는 나와 대상, 나와 너, 주체와 객체의 분별이 생겨난다. 이것 때문에 자기를 좋아하고 남을 미워하는 마음이 생기며, 자기를 도와주는 이들을 좋아

제4장 깨달음으로 가는 길

하고 자기를 해치는 이들을 미워하게 된다. 이와 같은 분별과 갈등이 번뇌를 낳고 그것에 의해 탐진치가 생기고, 그것에 의지하여 업이 생기고, 그 업에 의지하여 윤회하게 된다. 이렇게 윤회하는 것의 뿌리는 살가야견과 무지이다.

따라서 번뇌를 완전히 제거하려면 '나'의 실재를 믿는 무지의 해독제가 필요한데, 그 해독제는 바로 無我(무아)를 아는 지혜이다. 백 가지 결점을 없애는 좋은 약이 바로 無我(무아)의 지혜이다. 사바세계의 잘못된 행동도 대부분 '무아'를 알지 못하기 때문이다.

번뇌의 대상을 멀리하라

마음에 들고 안 드는 것이 있다는 자체가 번뇌의 씨앗이 잠재되어 있다는 증거다. 그러므로 아직 번뇌의 뿌리가 소멸되지 않은 수행자라면 번뇌의 대상과 멀리 떨어져 있는 것이 좋다.

출가한 사람들이 사찰에 머무는 것도 그런 대상과 떨어져있고자 하기 때문이다.

특히, 초발심이 생겼을 때에는 번뇌의 대상과 멀리하는 것이 좋다.

마음으로 번뇌의 대상을 만나지 마라

욕망과 분노의 대상을 자주 생각하면 번뇌를 끊을 수 없다. 예를 들어 옷을 바라볼 때도 색깔이 좋다, 모양이 좋다, 질이 좋다는 등의 생각을 일으키지 말아야 한다. 미운 사람을 떠올리고 분노의 감정에 빠지는 것도 번뇌를 일으키는 행위다. 또한 수행을 많이 한 사람에게 나쁜 일이 생기는 것을 보고 인과를 의심하는 것도 번뇌이다. 이러한 번뇌 속에서는 결코 지혜가 싹트지 않는다.

㉯ 윤회에서 벗어나려면

호수에 비친 달빛이 바람이 일면 흩어지듯이 윤회세계의 모든 현상도 그와 같다. 이 세계에서의 부귀 등은 독사의 머리 밑에 잇는 물건과 같아서 언제나 위험이 도사리고 있다. 그런데 우리는 그것에 집착하기 때문에 끝없는 윤회의 세계에서 벗어나지 못한다.

이미 우리는 그러한 집착이 '나'라는 것이 있다는 그릇된 생각에서 비롯됨을 알았고, 그것은 무지 때문에 생겨난다는 것도 확인했다. 그러면 '나'라는 인식을 어떻게 하면 없앨 수 있을까.

윤회의 원인을 없애려면 그 뿌리인 무지로 인하여 생긴 '나'라고 하는 인식을 없애야만 한다. 그것을 없애지 못하는 한 치열한 수행으로도 윤회의 세계에서 벗어날 수 없다. 그런 수행으로 약간의 번뇌는 없앨 수 있을지 모르나 해탈에 이를 수는 없다. 어떤 명상과 기도를 하여도 구경각에 이르지 못한다. 그러기 위해서는 선정을 해야 한다. 통나무를 쪼개려면 날이 선 도끼와 집중하여 내리칠 수 있는 어깨가 필요하다. 도끼가 없으면 나무를 쪼갤 수 없으며, 어깨가 없으면 정확하게 내리칠 수가 없다. 이와 같이 무아의 지혜는 도끼의 날과 같고, 선정은 강한 어깨와 같다. 선정을 지키려면 계율을 어기지 말아야 한다. 계율은 가르침의 뿌리와 같아서. 그것을 어기면 결코 바른 수행과 깨달음을 성취할 수 없다.

계율을 지키는 것은 가르침을 수호하는 것이기도 한다. 계율을 지키는 비구나 비구니가 없으면 부처님의 가르침은 없는 것과 같다. 그래서 부처님께서는 계율을 스승으로 여기라고 말씀하신 것이다. 계율을 지키는 것은 부처님의 가르침을 잘 지키는 것이다. 사자좌 위에서 법을 설하는 것만으로는 가르침을 잘 지키는 것이라고 할 수가 없다.

좋은 건물을 짓거나, 사람들을 많이 모으거나, 단청을 아름답게 하는 것 등으로는 부처님의 가르침을 지속시킬 수 없다. 계율을 지키는 것만이 부처님의 가르침을 지속시키는 바른 길이다. 부처님의 가르침을 넓고 깊게 배우지는 못할지라도 계율을 잘 지키는 것이야말로 바른 수행이다. 그것은 곧 생사윤회에서 벗어나는 길이기도 하다.

(3) 上士道(상사도)

① 대승에 들어가기 위한 발심과 그 이득

하사도, 중사도 때의 초발심을 실천하여 삼학
(戒·定·慧)을 닦으면 윤회세계에서 벗어날 수
도 있지만 그것만으로는 충분하지가 않다. 그
것만으로는 다른 중생을 해탈의 길로 이끌 수
없기 때문이다. 따라서 대승의 길로 들어가야
만 한다.

부처님의 십대 제자 중 한 분인 마하가섭을 따
르는 육십 명의 비구가 있었다. 소승의 길을
닦으면 곧 아라한이 될 수 있는, 수행자였다.
그러나 이들에게 문수보살이 먼저 가서 대승
불교를 가르쳤다. 그들은 대승불교를 이해하지
못하고 악견에 빠져서 지옥에 태어나게 되었
다. 마하가섭이 부처님에게 이 이야기를 하자
부처님께서는 문수보살이 잘한 일이라고 말씀
하셨다. 왜냐하면 성문, 연각, 아라한들은 자기

가 얻은 깨달음에만 오래 머물다가, 부처님의 축복으로 대승불교에 들어가게 되더라도 자기가 얻은 깨달음의 평화와 행복에 대한 집착으로 인하여 정진하지 않으며, 자신은 이미 윤회세계에서 벗어나 있으므로 남을 불쌍히 여기지 않기 때문이다. 이렇게 남을 불쌍히 여기는 마음이 생기지 않으면 보리심도 생기지 않는다. 그러므로 우리는 초발심이 생기게 되면 반드시 대승의 길로 가야만 한다. 중사의 길은 초발심이 생기게 하는 것뿐이지 길 그 자체는 아니며, 그 길은 바로 상사도의 보리심을 배우는 것이다. 이렇게 상사의 길을 기쁜 마음으로 배우기 위해서는 다음 열 가지에 대해서 알아야 한다.

첫째, 대승 불자인지 아닌지는 자신의 마음에 보리심이 있는지 없는지에 달려있다. 보리심을 알지 못하면 대승의 길도 알지 못한다. **보리심이 없으면 어떠한 수행을 하더라도 대승의 길로 들어설 수 없으며, 수행자들은 대부분 삼악**

도에 떨어지게 된다. 보리심이 있으면 개에게 작은 음식을 주더라도 깨달음의 원인이 될 수 있다.

三乘(삼승)의 특징을 자세히 살펴보면 그것은 모두 보리심에서 나온 것임을 알 수 있다. 우리는 주로 참선이나 염불, 밀교에 의지하여 수행하고 있지만 보리심이 없으면 삼독을 배우는 것과 같다. 위대한 스승 아티샤도 많은 것을 배웠으나 그것만으로는 충분하지 않아 보리심을 배우기 위해 13개월이나 배를 타고 고생하여 설링빠에게 보리심을 배우고 가장 귀한 것으로 여겼던 것이다. 또한 보리심을 얻기 위한 몸은 지금의 이 몸보다 더 나은 것이 없다. 산이나 굴 속에서 단식을 하는 것 등의 혹독한 수행이 최고라고 생각하면서 보리심을 소홀히 여기면 깨달음의 길로 들어설 수 없다. 항상 보리심이 자신의 마음에 저절로 일게 해야 하며, 그렇게 할 수 없다면 명상이나 진언 따위도 시간 낭비와 몸 고생에 지나지 않는다.

둘째, 윤회세계라는 감옥에 갇혀 있어도 보리
심이 생기게 되면 그 순간부터 부처님의 제자
다. 보리심이 없으면 신통자재한 사람도 보살
이 아니며 불자가 아니다. 신통을 자유자재로
부려도 깨달음을 얻는 데는 별로 도움이 되지
않는다.

셋째, 마니주가 보석의 으뜸이듯이 보리심을
일으킨 이에게 성문이나 연각들은 비할 바가
못된다. 팔만사천 대장경의 핵심은 바로 보리
심인 것이다. 아티샤께서도 이생에 집착하지
말고 보리심에 대하여 명상하라고 말씀하셨다.

넷째, 보리심을 일으키려면 특별한 노력이 필
요하다.

아티샤께서도 12년 동안이나 보리심에 대하여
공부하셨다. 어떤 이들은 공성에 대하여만 공
부하거나 진언만을 하면서 오랫동안 고생하지
만 깨닫지 못한다. 보리심을 얻지 못했기 때문
이다. 보리심이 생기게 되면 쉬바나 인드라 등

의 신들도 와서 공양하게 될 것이며, 원하는
것들을 얻을 수 있도록 도와줄 것이다.

다섯째, 공덕을 쌓는데도 보리심보다 나은 것
은 없다. 보리심이 없는 수행자는 아무리 수행
을 해도 깨달음을 얻을 수 없을 뿐 아니라 보
살의 행도 일으킬 수 없다. 보리심을 가지고
어떤 동물에게 약간의 음식만 보시하여도 보살
행이 일어나게 되며, 깨달음에 이를 수 있는
원인이 생기게 된다.

하나의 향을 피우더라도 백 명의 중생을 생각
하며 보리심으로 피우게 되면 백 명이 향을 피
운 공덕이 생기며, 천 명을 생각하면서 피우게
되면 천 명이 향을 피운 공덕이 생기게 된다.
염불이나 절을 할 때도 보리심을 지니고 행하
게 되면 위와 마찬가지의 공덕이 생기게 된다.
부처님이 살아계실 때 어떤 가난한 이가 보리
심으로 하나의 초를 켰는데 아난다가 그 초가
꺼지지 않는다고 하자 부처님께서는 어떤 큰

바람으로도 그 초는 끌 수 없다고 말씀하셨다.

보리심이 있으면 잠을 잘 때나 그냥 있을 때도 공덕은 계속 늘어나게 된다. 한 명의 아픈 중생이 낫기를 바라는 마음에도 공덕이 있는데 하물며 모든 중생의 병이 낫기를 바라는 마음에 어찌 공덕이 생기지 않겠는가. 따라서 보리심으로 좋은 일을 하게 되면 이득이 모든 중생의 숫자만큼 늘어나게 된다.

여섯째, 자기가 지은 죄를 없애는데도 보리심이 최고이다. 아무리 참회를 하더라도 없어지지 않는 큰 죄도 보리심으로 없앨 수가 있으며, 어떤 무서운 곳에 가게 되더라도 용감한 친구가 곁에 있는 것처럼 두려움에 떨지 않게 된다. 죄를 없애기 위해 백년 동안 노력하는 것보다 보리심으로 한 번 명상하는 것이 더 낫다.

일곱째, 보리심이 생기면 현재와 미래의 모든 일들이 잘 된다. 그러므로 자신과 다른 이들의 병을 낫게 하기 위해서나 안 되는 일이 순조롭 게 풀리기를 바라면 보리심을 가져야만 한다.

여덟째, 보리심을 가진 이들은 사천왕이나 신 장들이 밤낮없이 지켜주지만, 보리심이 없는 이들은 사천왕이나 신장들에게 자신을 지켜달 라고 기원하더라도 지켜줄지는 알 수 없다.

부처님께서 깨달음을 얻으실 때 수많은 마군들 이 나타났지만 부처님을 해칠 수 없었던 것도 바로 보리심 때문이었다.

아홉째, 보리심이 없이 공성만으로도 지혜의 덕은 쌓을 수 있지만 복덕을 쌓을 수는 없다. 어떤 선행을 하더라도 보리심을 지닌 마음으로 해야 깨달음으로 가는 수행으로 승화된다.

열째, 일체중생의 행복의 뿌리는 보리심이다. 또한 모든 가르침의 핵심이기도 하다. 따라서 보리심이 있는지 없는지에 따라 대승의 가르침 이 존재하는지 하지 않는지를 알 수 있다.

시방 삼세에 계시는 부처님 중 보리심이 없이

깨달음에 이르신 분은 한 분도 없다. 이렇듯 깨달음에 이르고자 하는 마음이 있으면 반드시 보리심을 가져야만 한다.

어떤 이들은 보리심 얻기가 매우 힘들다고 생각하여 아예 포기하기도 한다. 또 어떤 이들은 보리심이 대승불교 전체에 깔려있는 것이라 하찮게 여기고, 참선이나 명상만을 주로 하면서 보리심을 얻으려하지 않는다. 그것은 마치 바닷속에 있는 마니주를, 소가 밟고 지난 자리에 생긴 웅덩이에서 찾는 격이다. 보리심이 없으면 귀머거리의 귀에 큰 북을 두드리는 것 같아서 집중을 아무리 잘 하더라도 깨달을 수가 없다.

② 발보리심의 길

발보리심을 위한 가르침에는 인도의 위대한 스승 짠뜨라끼르띠와 짠따꾸미, 산다락시다 등의 가르침과, 부처님으로부터 미륵보살을 거쳐 아띠샤로 이어지는 가르침, 부처님으로부터 문수보살을 거쳐 아띠샤로 이어지는 가르침이 있다.

위의 가르침을 모두 지니고 있던 사람은 설링빠였으며, 설링빠는 인도의 위대한 스승 아띠샤를 가르쳤다. 다시 아띠샤는 그 가르침을 티베트에서 직접 베풀었다. 지금도 티베트에서는 그 가르침 모두를 배우고 실천한다.

㉮ 발보리심을 위한 일곱 가지 방법

일체중생을 어머니라고 여기는 마음이 보리심의 원인이며, 발보리심은 그 열매이다. 이 원인과 열매가 어떻게 연관이 되는지 알려면 일체중생을 위해 부처가 되고 싶다는 발심을 하기 전에, 남의 짐을 모두 자신이 들 수 있다는 결심이 서야 한다. 그러한 결심이 서려면 모든 중생의 아픔을 자신의 아픔으로 여기는 자비심이 선행되어야 한다.

대부분의 사람들은 친척에게는 자애스런 마음으로 대하지만 원수에게는 그런 마음을 내지 않는다. 그러나 보리심을 일으키려는 수행자라면 일체중생을 자애하는 마음으로 대해야 한다. 세상에서 가장 가까운 이가 어머니이듯 모든 중생들을 어머니 대하듯 해야 하는 것이다. 따라서 그러한 마음을 지니기 위해서는 차례차례로 닦아나가야 한다.

일체중생을 어머니로 알라

실천하지 않으면서 부자가 되겠다는 생각은 터무니없는 욕심이다. 그러므로 보리심을 일으키는 방법을 차례차례 배워나가야만 한다.

일체중생을 어머니라고 알기 위해서는 먼저 마음의 평정을 이루어야 한다. 구겨진 종이에 그림을 그릴 수 없듯이 마음이 평정하지 않으면 자애심이 생겨날 수 없다. 평정하지 못한 마음에서 좋고 싫음, 사랑과 미움 등 마음의 격랑이 인다. 따라서 일체중생을 어머니처럼 생각하기 위해서는 마음의 평정을 이루는 명상을 해야 한다. 그 다음 원수와 친척에 대하여 명상하라.

원수를 생각할 때 일어나는 증오의 감정에 대하여 명상해 보라. 사실 그 감정도 물거품과 같아 실체가 없다. 윤회의 세계이기 때문에 일어나는 허상에 대한 집착일 뿐이다. 뿐만 아니라 그 원수는 전생에 친척이었을 수도 있었다고 생각하여 미워하고 화내는 마음을 가라앉혀라.

친척을 생각할 때 좋아하는 감정이 일어나는 원인을 살펴보라. 대부분 먹을 것이나 입을 것들과 관련된 조그마한 이유 때문에 생기는 것인데, 그들 역시 전생에 원수였던 적이 많았다고 생각하여 좋아하는 마음조차도 버려야 한다.

이생에 도움을 받고 또는 피해를 입고 하는 것이 차이가 없다고 생각하라. 그러면 전에 자기에게 해를 입힌 사람이나 전에 자기에게 도움을 준 사람에 대해 차별 없이 대할 수 있을 것이다.

원수와 친척을 똑같이 바라볼 수 있어야 일체중생을 평정한 마음 상태에서 대할 수 있다. 이런 평정한 마음이 아닌 상태에서 명상하게 되면 결코 보리심은 생길 수 없다. 평정한 마음을 얻는 데는 시간이 많이 걸리므로 한두 번이나 하루 이틀의 노력으로는 보리심이 뿌리내릴 수 없다.

보리심을 얻기 위한 수행은 참선이나 진언보다 큰 공덕을 쌓는다. 또한 공성 등에 의지하면 머리로는 깨우칠 수가 있어도 실천이 따르지가 않기 때문에 보리심을 얻기가 어렵고 깨달음에 이르기도 힘들다.

오늘의 마음은 어제의 마음으로 인하여 있으며, 어제의 마음은 그제의 마음으로 인하여 있듯이, 윤회하는 것들은 시작이 없으므로 처음 마음의 시작은 어디를 찾아보더라도 찾을 수가 없다. 이렇게 우리는 얼마나 많이 태어났는지 알 수가 없다. 이생에 어머니가 계시는 것처럼, 전생에 태생과 난생일 때에도 어머니가 필요했을 것이므로 백 번 태어나게 되면 백 분의 어머니가 필요하며, 천 번 태어나게 되면 천 분의 어머니가 필요하다. 이렇게 보면 일체 중생이 모두 자신의 어머니가 아니라고 할 수가 없다.

이생의 몸 받기까지 자신이 태어난 수는 일체 중생 모두의 숫자 만큼이니 자신 또한 누군가의 어머니였던 적도 많으리라. 이와 같이 생각하여 일체 중생을 자신의 어머니라고 명상해야만 한다. 부처님께서도 "어머니였던 적이 없는 중생을 본 적이 없다"고 하셨다. 시간이 흘렀기 때문에 전생의 어머니를 어머니가 아니라고 한다면, 이생에서의 어머니도 어머니가 아니다. 어제의 어머니는 오늘의 어머니가 아닌 것이다. 왜냐하면 시간이 지났기 때문이다. 그러나 어제의 나와 오늘의 내가 본질에서 하나이듯 전생의 어머니와 이생의 어머니도 본질은 같다고 명상해야만 한다. 작년에 자신의 목숨을 구해준 사람을 올해도 역시 은인으로 생각해야 하는 것과도 같다. 이렇게 자주 명상하게 되면, 한 작은 개미를 볼 때도 어느 전생에 자신이 개미로 태어났을 때를 생각하여 어머니 같이 생각하게 될 것이다.

은혜를 알아야 한다

이생의 어머니에게서 입은 바를 생각해 보라.

먹는 것 움직이는 것까지 조심하며 낳은 뒤에
도 오늘날까지 은혜로운 손길을 거두지 않는
다. 그런 어머니의 존재가 없었더라면 오늘 이
렇게 수행할 수 없다는 사실을 잊지 말아야 한
다.

우리가 태어날 때 어머니는 큰 고통을 받으시
고 작은 고깃덩어리 같은 우리를 마치 큰 보석
을 얻은 것처럼 생각하여 품에 안고, 부드러운
천으로 감싸고, 사랑의 미소로 키우셨다. 만약
그러한 어머니의 손길이 한 시간 정도만 벗어
나도 오늘의 우리는 불가능했을 것이다.

우리들에게 아픔이나 고통이 생기면 자신이 아
픈 것보다 더 많은 고통을 느꼈으며, 사람으로
살아가기 위해 필요한 모든 것들을 가르쳐 주
셨다. 이와 같이 일체중생이 전에 자신의 어머
니였을 적에 이렇게 은혜롭게 자신을 키웠다고
생각해야 한다. 동물들도 제 새끼를 돌볼 때의
정성은 눈물겹다. 혀로 핥아주고, 품에 안고,

먹을 것이 생기면 먼저 새끼들에게 준다. 자신의 배부터 채우는 법이 없다.

옛날에 어느 강도가 말의 옆구리를 칼로 베자 그때 마침 망아지가 밖으로 나왔는데, 죽어가면서도 망아지를 혀로 핥는 것을 보고 다시는 강도짓을 하지 않게 되었다고 한다. 그때의 망아지가 바로 자신인 줄도 모르며, 또 그 말은 이생의 한 원수가 되어 있을 수도 있으므로 일체 중생을 어머니 대하듯 해야 하는 것이다.

은혜에 보답해야 한다

만약 이생의 어머니가 맹인이며, 정신이 이상하여져서 낭떠러지 위에 섰다고 하자. 아들이 그 어머니를 구해주지 않으면 누가 구해줄 것인가?

눈먼 어머니와 같은 일체중생들은 선과 악을 구별할 줄 아는 눈이 없으며, 찰나의 순간에도 행복만을 추구하며 죄업을 쌓아나간다. 삼독의 병을 안고 지옥의 절벽을 향해 나아가고 있는 것이다. 마땅히 대승불자라면 이들의 고통을 자신의 것으로 여기고 그것을 덜어 주어야겠다고 명상해야 한다. 그것이 은혜에 보답하는 길이다.

진정으로 은혜에 보답하는 길은 먹을 것, 입을 것 등의 물질적인 것이 아니다. 그러한 것들은 한순간의 도움이 될 뿐이다. 고통과 슬픔을 영원히 없애주려면 윤회세계에서 벗어나게 해주는 것밖에 없다. 대승불자의 발원은 거기에 미쳐야 한다.

자비심을 가져라

자비심은 대승불자의 씨앗이며 발보리심의 뿌리다.

나태한 마음을 없애주는 정진의 물과 거름이기도 하므로 깨달음을 얻은 후 일체중생을 깨달음으로 인도하는 열매이기도 하다. 자비심 없이 보리심이 생겨날 수는 없다. 아들이 불구덩이에 빠지면 부모들은 자신의 몸을 돌보지 않고 불구덩이로 뛰어든다. 그러한 행동의 바탕이 바로 자비심이다. 그것 없이 어찌 일체중생을 구하겠다고 발원할 수 있겠는가.

자비심은 큰 병에 걸려 고통 받는 자식을 지켜보는 어머니와 같다. 자신뿐 아니라 다른 모든 것들을 고통에서 구해내겠다는 마음이 바로 대승의 자비심인 것이다.

스스로 고통을 느껴 본 사람이 남의 고통을 이해할 수 있듯이 대승의 자비심을 가지기 위해서는 항상 고통에 대해 명상해야 한다. 하사도와 중사도에서 명상했던 고통에 대해 항상 생각하라.

발보리심 해야 한다

사바세계의 큰 신인 쉬바나 인드라 등도 일체중생을 구할 수가 없다. 성문 연각 등의 아라

한들도 영원한 깨달음을 얻지 못했으므로 일체
중생을 도와줄 힘이 없다. 각양각색의 그 마음
에 따라 일체중생에게 두루두루 도움을 줄 수
있는 분은 부처님밖에 없다. 이렇게 부처님과
연각, 큰 신들의 차이는 베푸는 방식에 있는
것이다.

**진정한 발보리심이란 꼭 깨달음을 이루어야겠
다는 생각뿐 아니라 일체중생들도 자신을 필요
로 하고 있다는 믿음으로 깨달음을 이루겠다는
원을 세우는 것이다.**

모두들 요즘은 좋지 않은 시기라고들 하지만
지금처럼 좋은 시기를 전생에는 맞은 적이 없
었다고 생각하라. 보리심을 발할 수 있는 때는
귀한 인간의 몸을 받았을 때 말고는 없기 때문
이다. 아티샤나 밀라레빠와 같은 위대한 스승
들도 우리와 똑같은 몸을 받았다. 더 낮고 못
하고가 없다. 발보리심에 차이가 있을 때 뿐이
다. 그러므로 진언을 하거나 독송, 기도를 할

때는 오로지 보리심을 가지고 해야만 한다.

한 작은 생명을 보게 될 때 이 생명을 위하여 깨달음을 얻어야겠다는 생각이 저절로 생기게 되면, 그 마음이 바로 보리심이다. 경전에 의지하여 깨달음을 얻으려면 셀 수가 없는 큰 겁이 세 번이나 되는 기간 동안 공덕을 쌓아야 한다. 그러나 보리심이 생기게 되면 바로 대승의 길로 들어선 것이며, 깨달음의 길로 들어선 것이다. 보리심을 가지고 모든 가르침을 배우게 되면 더욱 빠르게 깨달음에 이를 수가 있는 것이다.

자신과 남을 똑같이 생각하라

자기만을 귀중하게 여기는 고질병은 사바세계 모든 고통의 뿌리임을 알아야 한다. 모든 고통의 원인은 자기만의 행복을 바라는 것 때문에 생겨난다. "남에게 해 입히고 해침을 받고, 겁을 주거나 겁나하고, 고통을 주고 받는 것 모두가 '자기를 소중하게 여기는 마음'에서 비롯된 것인데, 이렇게 무서운 귀신이 왜 자기한테 필요하겠는가?" 하고 산티데와께서 말씀하신 것처럼 우리가 싫어하는 모든 것들은 '자신만을 소중하게 여기는 마음' 때문에 생겨난다.

지옥에 나고, 아귀로 나고, 축생으로 나고 하는 것도 자신의 이익만을 찾으려고 남을 살생하거나, 남을 하찮게 여기기 때문이다. 원수를 만들고 남과 다투게 되는 것 등도 자신만을 귀중하게 생각하는 아집에서 벗어나지 못하기 때문에 벌어지는 일이다. 크게는 나라간의 전쟁이나 작게는 한 가족 사이의 갈등도 모두 이기심에서 비롯된다. 자신만을 귀중하게 생각하는 마음을 버리면 자신만을 위해서 행동하지 않게 되며, 남에게 피해를 입더라도 대수롭게 여기지 않는 마음의 여유가 생겨난다. 그러면 당연히 만사가 순조롭게 풀려나간다.

활이나 창, 칼 등을 들고 싸우는 것도 역시 자

신만의 이익을 위하기 때문이다. 자신에게 이익이 되는 일이 있으면 스승이나 부모, 친구 등을 버리고도 부끄럽게 여기지 않는다. 이 또한 전쟁터의 살상 행위와 다를 바 없다. 또한 시작 없는 전생부터 지금까지 깨달음의 공덕을 쌓지 못하는 것도 다 이기심 탓이다. 이기심을 버리지 못하면 언제나 남과 비교하여 질투하거나 무시하게 된다. 칭찬하면 좋아하고 욕을 하면 화를 내는 것도 다 이기심에서 비롯된다.

'나'라는 존재가 영원할 것이라고 생각하여 '나의 것'에 집착하기 때문에 갈등에서 벗어나지 못한다. '나'라는 망집을 버리지 않는 한 세상만사가 고통으로 바뀐다.

이타심의 공덕

보통사람과 깨달은 사람의 차이는 남을 대하는 태도에서 비롯된다. 중생과 부처도 윤회세계를 헤맸다는 점에서 똑같았지만, 전생 어느 때부터 부처님께서는 남을 자신과 다름없이 생각했기 때문에 깨쳐 부처가 된 것이다.

부처님께서 어느 전생에 한 왕으로 태어났을 때, 그 나라에 전염병이 돌기 시작했다. 이를 불쌍히 여긴 부처님께서 한 수도자를 찾아가 그 병을 고칠 방법을 물었는데, 희귀한 루히따라는 물고기를 먹게 되면 나을 수 있다고 하였다. 그러자 부처님께서는 "내가 지금 죽어서 루히따라는 물고기로 태어날 수 있게 해 주십시오" 하고 기원하였다. 그러자 부처님께서는 바로 죽어서 루히따라는 물고기로 태어났으며, 그 나라 백성들이 루히따라는 희귀한 물고기의 살을 먹고서 모두 낫게 되었다고 한다. 또 거북이로 태어났을 때도 오백 명의 상인을 구하셨으며, 자신의 몸을 팔만 마리의 벌에게 보시하기도 했다. 한 나라의 왕자로 태어났을 때 역시 굶주린 호랑이에게 자신의 몸을 보시하는 등 수없이 많은 생명을 건졌다.

이타심의 공덕이 이렇게 크다는 것을 잘 알면서도 대부분의 사람들은 믿음대로 실천하지 않는다. '나'라는 생각의 뿌리가 그만큼 깊은 것이다. 그렇기 때문에 항상 기도하고 바른 가르침에 의지해야 한다.

지금 인간으로 태어나 귀한 몸을 얻은 것도 수많은 중생들의 은혜다. 불쌍한 마음을 일으키게 하는 대상과 발보리심을 일으키게 하는 대상, 보시할 수 있게 하는 대상, 인욕할 수 있게 하는 대상 등은 모두 중생들이므로 이들 모두의 은혜를 생각할 줄 알아야 한다. 모든 부처님들이 깨달을 수 있었던 것도 스승들의 은혜와 함께 중생들의 은혜 덕분이다.

⑭ **나와 남을 바꾸어 생각할 줄 알아야 한다.**

자신만을 귀중하게 여기므로 얻게 되는 손실과 남을 귀중하게 여기므로 얻게 되는 이득, 이 두 가지를 자세히 살펴라. 그러면 자신과 남을 바꾸어 생각할 줄 알게 될 것이고 남을 자신처럼 여기는 마음도 생겨날 것이다. 이렇게 명상하면 충분히 이기심을 이타심으로 바꿀 수 있다. 예를 들어 이 산에 올라서면 저 산을 보게 되고, 저 산에 올라서면 이 산을 보게 되는 것과 같다.

나와 남을 바꾸어 생각하게 되면 자기만을 생각하는 차디찬 이기심에, 모래에 물이 계속 스며들면 언젠가는 넘치듯이 이타심이 생겨난다. 지옥, 아귀, 축생, 아수라, 인간, 신 등의 고통과 죄 모두를 자신이 받게 해달라고 기도하라. 보리심을 일으키는데 그 이상의 공부는 없다. 초발심자들은 애써 하기가 힘들다고 생각하지만 그런 미혹한 마음을 접어두고 애써 실천해보라. 조금씩 바뀌는 자신의 모습을 확인할 수 있을 것이다. 그렇다고 처음부터 원수만을 생각하면 힘에 부칠 수도 있다. 하지만, 완전하게 원수를 자신으로 여기지는 못하더라도 그 과정에서 쌓이는 복덕은 무한량이다. 때로는 생각으로나마 아름답고 좋은 집을 지어서 가난한 이웃들에게 베풀고, 그들이 원하는 먹을 것과 입을 것이 충족하기를 기원해 보라. 얼음지옥에 햇빛이 들듯이 지옥의 고통도 지혜로 바뀔 수 있다. 이러한 명상을 하게 되면 한 번의 호흡에도 자애심과 자비심을 내고 들일 수 있게 된다.

㉓ 어떻게 발보리심 할 것인가

어떤 수행자들은 높은 사회적 지위에 마음이 끌려 수행을 하지 못하고, 어떤 수행자들은 재물로 인하여 수행을 하지 못하고 어떤 수행자들은 좋지 않은 일 즉, 몸이 아프거나 하여 수행하지 못하기도 한다. 그러므로 이 나쁜 원인조차도 수행의 방편으로 바꾸어야 하는데, 이렇게 바꾸는 데에는 두 가지 방법이 있다.

첫째는 성격을 바꾸는 것이며, 둘째는 생각을 바꾸는 것이다.

첫째 성격을 바꾸기 위해서는 잘못되는 모든 일을 자신의 탓으로 여길 줄 알아야 한다. 그 모든 것이 자신의 업에 의해 생긴 것이기 때문이다. 따라서 병에 걸리거나 좋지 않은 일들이 생겨도 깨달음을 얻는데 도움을 주는 것이라고 생각해야 한다. 예를 들어 병에 걸리는 것은 전생의 악업으로 지옥에 태어나게 될 것을 대신하여 이번 생에 병이 난 것이라고 기쁘게 생각하여야만 한다. 그렇게 하면 병도 결코 수행의 장애가 되지 못할 것이며 공덕의 씨앗으로 바뀔 것이다.

그렇게 생각하지 않으면 더욱 깊이 병의 수렁에 빠져들게 된다. 자신이 전생에 수행할 생각은 하지 않고 쓸데없는 생각만으로 시간을 낭비하여 이 생에 아프거나 고통 받는다고 생각하여 발심의 동기로 삼으라는 것이다.

자신이 마음을 바꾸는 방법을 알게 되면 모든 고통들은 수행의 원인으로 승화될 수 있다. 예를 들어 등산하는 이가 낭떠러지가 있는 좁은 길을 가듯이, **병**이 나거나 안 좋은 일이 생기면 더욱 수행의 자세를 가다듬어 자애심과 자비심을 증장시키게 될 것이다. 그러한 가운데서 자만심을 굴복시키고 숙세의 죄업을 녹일 수 있게 된다.

사회적 지위가 높을 수록 튼튼한 감옥에 갇힌 것과 같다는 사실을 알아야 한다. 주위의 시선을 의식하여 행동에 제약을 받게 될 수밖에 없기 때문이다. 가고 싶은 곳조차도 마음대로 갈 수 없다고 생각해 보라. 어찌 감옥이 아니라 하겠는가. 사회적 지위가 낮은 사람들의 생활 터전도 깨달음의 도량이다. 모든 부처님이나 스승들도 그러한 곳에서 끝없이 하심하며 깨달음을 얻었다. 아무도 없다고 생각하면 친구도 많이 생기고 좋은 스승들을 만날 수 있으며, 어디서나 배울 수 있을 것이다.

때로 모함을 받거나 모욕을 당하더라도 덕행의

열매를 받았다고 생각하고 더욱 정진하라. 그러한 가운데 보리심은 싹튼다.

둘째, 생각을 바꾸어라. 이생의 행복이나 불행은 한순간의 꿈이라고 생각하여야 한다. 아침에 일어나서 허리띠를 묶는 순간부터 먹을 것이나 입을 것, 명예같은 것만 생각하면 수행의 진전을 볼 수 없다. 그 모든 것들이 신기루 같은 것임을 알아야 한다. 이생의 행복을 위한 기도나 공양은 옳지 않다. 길을 걷거나, 잠을 자거나, 앉거나 설 때에도 오로지 보리심의 실천만을 생각하라.

큰 보살들도 아주 작은 것부터 실천함으로써 그러한 경지에 올랐다. 어떤 일이든 모를 때는 하나부터 열까지 힘이 들지만 익숙해지면 쉬워지듯이, 작은 일부터 실천해나가면 한생각 크게 바꿀 수 있다. 그것이 보리심이다. 큰 생각 가운데 어떻게 하찮은 '나'의 존재가 자리잡을 수 있겠는가.

마음이 심란할 때에도 수행을 잘 할 수 있으면 그것은 실천이 잘되고 있다는 증거이다. 훈련되지 않은 말을 탈 때에는 떨어지기 쉬우나 훈련이 잘 된 말을 타게 되면 마음이 심란하더라도 떨어지지 않는 것과 같다.

③ 발보리심 후에는 어떻게 해야 하는가

발보리심 후에는 마땅히 육바라밀을 실천해야 한다. 시방삼세 부처님들은 육바라밀에 의지하여 깨달았으며, 육바라밀의 행에 의지하지 않고 깨달음을 얻었다는 말은 수드라, 딴뜨라 어디를 찾아보아도 없다. 육바라밀은 곧 보리심의 실천을 말한다.

㉮ 보시

재물

자신의 이익을 위한, 또는 '내가 무언가를 베풀었다'는 의식을 가지고 있는 보시는 진정한 보시가 아니다. 오직 보리심으로 베풀면 개미에게 준 좁쌀 한 톨도 깨달음의 원인이 된다. 삼보에 공양을 올릴 때, 자신이 큰 공양을 올렸다는 생각을 하는 이들은 보시를 잘못한 것이다. 보시를 하고 나서도 너무 많이 주었다고 아까워하거나 받는 대상이 잘못 되었다고 후회하는 것도 진정한 보시가 아니다. 처음부터 끝까지 중생들을 위한 마음을 지녀야 하며, 작은 보시를 하건 큰 보시를 하건 자기 이익을 생각해서는 안 된다.

가르침

높은 자리에 앉아 법문을 하는 것만이 가르침이 아니다. 원하는 이에게 베푼 단 한 마디의 법도 빼어난 법시(法施)가 되는 것이다. 가르침을 보시하는 것이야말로 보시 중의 으뜸이다. 독송할 때에도 자신의 주위에 신이나 일체 중생이 듣고 있다는 생각으로 행하면 그것 역시 법시인 것이다. 평소 좋은 말로 다른 이에게 도움이 되게 하는 것 역시 가르침의 보시이다.

두려움에서 건저 줌

감옥에서 고통받는 이들을 감옥에서 꺼내주거나, 물에 빠져 죽어가는 생명을 구하거나, 더

위에 죽어가는 생명들을 구해주는 것들이 무외시(無畏施)다. 불안에 떠는 이웃에게 따뜻한 말을 건네 평온을 찾아주는 것도 무외시다.

아까워하지 않는 마음은 성문, 연각들도 있지만 그것만으로는 보시바라밀이 될 수가 없다.

손실과 이득을 따지지 않고, 자신의 몸과 재물을 하나도 아까워하지 않고 보시해야 하며, 그 보시로 생기는 공덕의 열매까지 다른 이에게 보시하는 마음으로 행동하는 것이 보시 바라밀이다.

무언가를 베푸는 것만이 보시인 것은 아니다. 죽으려고 하는 사람에게 무기나 독 등을 거두어 가는 것도 보시이며, 출가한 수행자에게 수행의 방해물들을 치우는 것도 보시이다. 출가자에게 오신채를 보시하지 않는 것도 한 예이다.

보시를 할 때에도 가려야 할 것이 있다. 한 생명을 구하기 위해 다른 생명을 해쳐서는 안 되며, 나라에서 금지하는 것들을 보시해서도 안 된다. 자신의 덕이 많다는 것을 남에게 보여주기 위해서 보시하거나, 인기를 노리고 보시해서도 안 된다. 이 생의 행복함과 다음 생에 지옥에 나지 않기를 바라는 마음으로 보시해서도 안 된다.

㉯ 지계

계율에는 별해탈율의, 보살계, 딴뜨라의 계 등 여러 가지가 있는데, 어느 것이 되었든 기쁜 마음으로 적극 실천하는 것이 중요하다. 기본적으로 십계(十戒)를 지켜야 육바라밀을 실천할 수 있다.

㉰ 인욕

자신을 괴롭히거나 고통을 주는 것에 대하여 마음이 흔들리지 않는 것이 인욕이다. 인욕에는 세 가지가 있다.

첫째, 자신을 괴롭히는 것에 대하여 인욕해야 한다.

원수나 다른 사람이 자신을 괴롭힐 때 그것에 마음이 끌려 화를 내어서는 안 된다. 화를 내는 자체가 악행이기 때문이다. 한 번 화를 내므로 천 겁 동안 쌓은 공덕이 없어질 수도 있다.

목숨을 거는 무모한 행동도 화를 참지 못하기 때문에 생기며, 원수를 만드는 것도 화이다. 그래서 싼티데와께서도 **"화가 나는 마음을 버리는 것은 모든 원수를 없애는 것과 같다"**고 말씀하셨다.

누군가 몽둥이로 자신을 때려도 화를 내서는 안 된다. 전생에 자신이 남을 괴롭혔거나 다른 악행 때문에 비롯된 일임을 알아야 한다. 정신병자가 의사나 자신의 아버지를 때려도 의사나 아버지는 화를 내지 않고 그 병을 고치는 방법을 생각하는 것처럼, 자신을 괴롭히는 사람에 대해서도 인욕을 통해 자신과 그 사람을 삼독의 수렁에서 건져내어야 한다.

또 산티데와께서는 "조그만 고통이라도 참지 못하면 지옥고를 받는 원인이 된다"고 말씀하셨다. 따라서 **자신을 괴롭히는 사람을 은인으로 생각하라. 인욕을 실천하게 해주기 때문이다.** 반대로 자신에게 도움을 주는 사람은 오히려 자신에게 도움을 주지 않는 사람으로 알아야 한다.

옛날에 아티샤께서 성질 고약한 어떤 사람을 좋아하자 주위에서는 그 사람을 멀리하라고 말씀드렸다. 그러나 아티샤께서는 "이 성질 고약한 사람을 의지하면 인욕바라밀의 원인이 생기므로 방해하지 말라"고 말씀하셨다.

둘째, 고통에 대하여 인욕해야 하는데 **모든 고통들은 자신을 기르는 약이라고 생각해야 한다.**

수행을 하거나 공부를 할 때, 또는 병이 들어

괴로울 때도 수행에 도움을 주는 것으로 바꾸어 생각하는 것이 보리심이다. 이 생의 고통은 다음 생에 지옥에 떨어지지 않게 해 줄 공덕의 씨앗으로 생각하여 기뻐해야 한다. 죽어가는 사람에게 만약 손 하나만 자르면 살 수 있다고 하면 기뻐하는 것과 같다. 수행하는 사람은 먹을 것 입을 것 등의 부족을 느껴서는 안 된다. 만약 수행자가 먹을 것 입을 것 따위에 집착하게 되면 그것들을 늘리는 데 더 많은 노력을 기울이게 되므로 수행은커녕 죄업만 늘려가게 된다. 마땅히 수행자는 부족을 수행의 채찍으로 삼아야 한다.

셋째, 정법을 만들기 위해 인욕해야 한다. 선행을 하고, 경을 외우고, 삼보에 공경하는 것도 인욕이다. 편안함만 추구하면 정법을 받들 수 없기 때문이다. 정법을 받아지니고 닦아가는 것이야말로 깨달음으로 가는 가장 올바른 길이다.

㉣ 정진

정진은 선행과 수행을 완전하게 하는 최고의 실천행이다. 정진을 방해하는 게으름에는 세 가지가 있다.

첫째는 지금 할 일을 다음으로 미루는 것인데, 그것을 바로잡기 위해서는 항상 귀중한 사람의 몸 받기가 어렵다는 것과 지금 이 순간에도 죽음이 다가오고 있다는 사실에 대해 명상하는 것이다.

둘째는 먹을 것을 탐하고 잡담하는 등 윤회세계의 일에 매달리는 것이다. 그것은 수행이 아니라 그냥 사는 것이다. 그것이야말로 수행을 그르치게 할 뿐 아니라 끝없는 윤회에 빠지게 하는 죄업만 키우는 일이다.

셋째는 자신은 깨달음을 얻을 힘이 없으며, 일체 중생을 구제할 능력이 없다고 생각하는 것이다.

부처님께서는 미물조차도 깨달을 수 있다고 하

셨는데, 인간으로 태어나서 말할 수 있고 들을 수 있는데 왜 깨달음을 얻을 수 없겠는가.

㉙ 선정

깨달음을 얻기 위해서는 지혜가 필요한데, 참된 지혜는 흔들림 없는 선정에서 싹튼다. 어두움을 밝히는 등불을 켜려면 바람이 없어야 하듯, 지혜를 싹틔우려면 모든 번뇌를 잠재우는 선정이 필요하다. 선정을 하기 위해서는 여섯 가지가 필요한데, 첫째는 조용한 장소가 있어야 하며, 둘째는 욕심이 없어야 하며, 셋째는 만족하는 마음을 가져야 하며, 넷째는 계율을 잘 지켜야 하며, 다섯째는 의미 없는 일들을 버려야 하며, 여섯째는 집착을 버려야 한다.

깨우치겠다고 발원하고도 선정에 들기를 게을리한다면 깨달음을 포기하는 것과 다름없다. 선정은 곧 깨달음의 발판이다.

㉑ 지혜

선정과 지혜는 새의 양 날개와 같다. 선정의
날개와 지혜의 날개가 같이 있어야만 깨달음의
세계로 날아갈 수 있다. 그러므로 깨달음에 이
르고자 한다면 보리심과 세계의 공성을 체득해
야만 한다. 만약 공성을 여실히 알지 못하면
그것에 대해 의문이라도 가져야 한다. 그것만
으로도 능히 윤회의 원인들을 부술 수 있다.
공성을 체득하기 위해서는 '지극한 마음으로
삼보에 귀의'해야 하며 그러한 믿음을 바탕으
로 끝없이 정진하여야 한다. 깨달음을 위한 공
덕으로 그것 이상 가는 것이 없기 때문이다.

한 작은 생명을 보게 될 때
이 생명을 위하여 깨달음을 얻어야겠다는 생각이
저절로 생기게 되면, 그 마음이 바로 보리심이다.
보리심이 생기게 되면 바로
대승의 길로 들어선 것이며,
깨달음의 길로 들어선 것이다.
보리심을 가지고 모든 가르침을 배우게 되면
더욱 빠르게 깨달음에 이를 수가 있는 것이다.
-깨달음에 이르는 올바른 순서

無緣大慈 · 同體大悲

반야심경 오가해 강기
5대 선지식이 설한 반야바라밀의 심요

감산대사 직설
우익대사 석요
하련거거사 필기
황념조거사 약설
정공노화상 강기
허서화種 편역

단박 깨달음을 믿고 쉽게 윤회를 벗어나 성불하도록 이끄는 설정 해설서.
나무아미타불, 이 한마디 부처님 명호 고묘요 참 말이어라, 이는 가장 깊은
비밀의 핵심이고, 꼬뇌 없을 밧꺼서 보이는 마음이다. _《심경해기》

무구정광대다라니경
보협인다라니경
수구성취다라니경

무량수역래회 열음

불사不死의 법문
불설아미타경요해
佛說阿彌陀經要解

우익蕅益대사 요해
원영圓瑛대사 추석
정공淨空법사 강설
허만항 편역

만병을 다스리는 불사의 약, 상계율회를 열어 초월하는 심요법문!

이 《미타요소 아미타경요해》 번역을 다스리고, 주무하여, 생로 등봉하고 윤기아려한 정신에서 법음이 바탕
으로 참수이며, 실제 목월의 심소에 차 보살들에게도 나타봤으므로, 모든 이 설법에서 반야바라밀 강하다. 그래서 이름 상법에 정토수미리고
여하되, 깊이 공부상으로 판계에도 이래서 중봉나니, 자세히 말한 이들은 자기 자기 스스로 알아야 한다

비움과소통

선화상인 법문집

선화상인宣化上人 법문
가산嘉山 정원규 편역

본래의 자기 집을 찾아라

도쳬는 행해야 하는 것이며, 행하지 않으면 도
가 무슨 소용이 있겠는가? 덕德은 닦는 것이
며, 만약 닦지 않으면 덕이 어디에서 오겠는가?

비움과소통

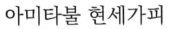

아미타불 현세가피

무량수경 현대 영험록

전 세계 1억 명이 수지독송하고 있는
무량수경이 바로 아미타 부처님이시다

청종학회淨宗學會 지음
혜만화 거사 편역

육도윤회를 벗어나 왕생성불하는 법문

아미타경 사경집

무림수여래화·석음

연화세계

생사해탈 염불왕생성불 법문

수산스님 현저

念佛三昧

염불삼매

광흠 노스님 법어

광흠廣欽 큰스님 법문
각산覺山 정원규 편역

염불은 움직임 가운데서 하면서 자기의 일과 조화할 수 있어야 한다. 일처리면서 염불하여 온 마음
이 고요해질 수 있어야 하며, 한 구句와 명호를 염起하여 들으면 잡념이 없이 청정해져서 "자
성이 염하여 자성이 들으며[自性念佛自性聞]", 염불하여, 일심불란一心不亂에 이르게 된다.

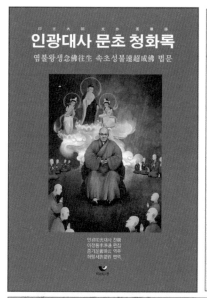

삼계육도를 벗어난 깨달음의 안락세계인
서방정토 극락설불학교의 29종 장엄해설

왕생론 강기
往生論 講記

천친보살 저酒
담란대사 주注
정공법사 강술
도영스님 번역

왕생성불라는 위없이 깊고 묘한
선바까지 말씀떠 모씨一로了彼
지구촌의 스승 정공 큰스님의
힘대민을 위한 자비로운 법화!

묘법연화경
관세음보살보문품 심요

염불행자念佛行者 심득보서心得寶書

아미타부처님 보좌하여 황시 같은 삼매로 중생의 우환 없애주시니

국토디 관세음보살이시라, 법계림을 일지허 감득허산셔 대자원만 타고 오묘 백성을
두루 나타내셔서, 중생의 소리를 듣바 괴로움에서 구하시고 중생의 느낌을 따라 두루
응하시고, 일myo 중심의 믿음을 모든 시대들이 그릇되게 이끌고자는 갈 알리고, 만날을
중생심로 보살을 돌어 아니지만, 그 자성분력의 각성를 듣기 허차에 마치서 가장먹하
돌아따일도 이 모든 염허 방呼이시니, 구하느 손을 도와주시덩 바탕 뿐, 이 일념의
마음아 화하니, 온 진각의 군원에 계정허시나 그러드로 생사기 길어날 때 관세음보살이
묘호 염필시니, 드디어 지금 이 순간이 마음 가득에 구雅혀 일어 편안에 염법 여러도다
- 인광대사 보문품음훈의음술 -

대격大彰법사 주해 | 인광대정대사 臨終 | 정공淨空법사 강배 | 허민양 편역

반주삼매경 심요

삼매의 왕 보왕삼매寶王三昧로
생사해탈하는

般舟 三昧 心要

혜 림사 惠林寺慧正法師
허원양 편역

아미타경과 관무 방편 권교 및 대보살과 맥대 조사들의 염불 공득을 밝아나는 강명

염불수행대전
개정증보판

주세규 회집

성현과 범부가 함께 닦는 속초 頓圓성불의 지름길!
염불은 가장 쉬우면서도 모든 법문을 뛰어넘는다

菩提道次第
깨달음으로 가는 올바른 순서

1판 1쇄 펴낸 날 2023년 2월 27일(부처님 출가재일)
저자 쫑카빠 대사 **편역** 초펠 스님

발행인 김재경 **편집** 허서 **디자인** 김성우 **마케팅** 권태형 **제작** 현주프린팅
펴낸곳 도서출판 비움과소통
　　　　서울 금천구 가산디지털2로 43-14 한화비즈2차 7층 702호
　　　　전화 010-6790-0856 팩스 0505-115-2068
　　　　이메일 buddhapia5@daum.net

© 초펠 스님, 2023
ISBN 979-11-6016-086-4 03220

＊ 경전을 수지독경하거나 사경하거나 해설하거나 유포하는 법보시는
　한 사람의 붓다를 낳는 가장 위대한 공덕이 되는 불사입니다.
＊ 전법을 위한 법보시용 불서는 저렴하게 보급 또는 제작해 드립니다.
　다량 주문시에는 표지·본문 등에 원하시는 문구(文句)를 넣어드립니다.